EL

PODER

SANADOR

DE LA

SANTA

CENA

OTROS TÍTULOS DE JOSEPH PRINCE

Ven a la mesa

No More Mind Games

Anchored

Live the Let-Go Life

Thoughts for Let-Go Living

The Prayer of Protection

The Prayer of Protection Devotional

Grace Revolution

Glorious Grace

The Power of Right Believing

100 Days of Right Believing

Unmerited Favor

100 Days of Favor

Destined to Reign

Destined to Reign Devotional

Healing Promises

Provision Promises

Health and Wholeness Through the Holy Communion

A Life Worth Living

The Benjamin Generation

Your Miracle Is in Your Mouth

Right Place Right Time

Spiritual Warfare

Para más información sobre estos libros y otros
recursos inspiradores, visita JosephPrince.com.

JOSEPH PRINCE

EL PODER SANADOR DE LA SANTA CENA

90 LECTURAS DEVOCIONALES

 Vida

La misión de Editorial Vida es ser la compañía líder en satisfacer las necesidades de las personas con recursos cuyo contenido glorifique al Señor Jesucristo y promueva principios bíblicos

EL PODER SANADOR DE LA SANTA CENA
UNA GUÍA DE 90 DÍAS HACIA LA SANIDAD DIVINA
Edición en español publicada por
Editorial Vida – 2021
Nashville, Tennessee

© 2021 Editorial Vida

Este título también está disponible en formato electrónico.

Originalmente publicado en Estados Unidos de América con el título:
    The Healing Power of The Holy Communion
    A 90 – DAY DEVOTIONAL
    Copyright © 2020 por Joseph Prince
Publicado por Emanate Books, un sello de Thomas Nelson. Emanate Books y Thomas Nelson son marcas registradas de HarperCollins Christian Publishing, Inc.
Todos los derechos reservados.
Prohibida su reproducción total o parcial.

Editora en Jefe: *Graciela Lelli*
Traducción: *Juan Carlos Martín Cobano*
Adaptación del diseño al español: *Setelee*

ISBN: 978-1-40022-143-1
ebook: 978-1-40022-153-0

CATEGORÍA: Religión / Vida Cristiana / Pentecostal y Carismática

IMPRESO EN ESTADOS UNIDOS DE AMÉRICA
PRINTED IN THE UNITED STATES OF AMERICA

21 22 23 24 25 LSC 9 8 7 6 5 4 3 2 1

CONTENIDO

SECCIÓN VII: LA REVELACIÓN DA RESULTADOS

SECCIÓN VIII: COMPLETAMENTE CUBIERTO, SIN EXCLUSIONES

SECCIÓN IX: ¡NO TE RINDAS!

SECCIÓN X: LA LUCHA POR EL DESCANSO

SECCIÓN XI: EL DIOS DE TUS VALLES

SECCIÓN XII: BUSCA AL SANADOR

ANTES DE EMPEZAR

¿**S**abías que puedes pedirle a Dios una vida larga, buena y saludable? ¿Eres consciente de que Dios sigue sanando a las personas hoy? ¿Y te has preguntado alguna vez si es la voluntad de Dios que seas sanado o si eres apto para su poder sanador?

No sé a qué circunstancias te enfrentas hoy. Tal vez tú, o algún ser querido, has sido diagnosticado con una enfermedad crítica y todavía estás conmocionado, lleno de temor e impotencia. O tal vez sufres de una afección y te has resignado a que es «la voluntad de Dios».

Amigo mío, sea cual sea la situación a la que te enfrentas, no te rindas. Ahora no. Ni nunca. No importa cuán grave sea tu informe médico, Dios puede cambiar tu situación. Él es un Dios de milagros, y es más grande que cualquier gigante al que te enfrentes hoy.

Sus circunstancias externas quizás sean desalentadoras, pero ¿sabes qué? Estas cosas puedes verlas, y eso significa que son *temporales*. La Biblia nos dice que «las cosas que se ven son temporales, pero las que no se ven son eternas» (2 Co 4.18).

Existe un enemigo que usa lo visible para atraparte y oprimirte con temor y desánimo, pero creo que el Señor dispuso que tuvieras este libro en tus manos porque quiere que mantengas tus ojos en él, el Dios invisible y eterno. Él nunca te dejará ni te abandonará. Tienes un Dios que te ama tanto que dio su vida por ti en la cruz.

Aun así, la gente se ha creído de alguna manera la mentira de que a veces es la voluntad de Dios que estemos enfermos. Incluso hay quienes afirman que Dios usa la enfermedad para «castigarnos» o enseñarnos una lección. Estas mentiras le han robado a su pueblo el derecho a la salud divina, un derecho comprado con sangre, y han hecho que muchos creyentes acepten sin más la enfermedad en sus cuerpos.

Amigo mío, Dios *no* es el autor de la enfermedad, la dolencia y la muerte, y nunca quiso que el hombre las sufriera. El poder destructivo de la enfermedad y la muerte se desató cuando Adán y Eva comieron del árbol del conocimiento del bien y del mal. Adán pecó contra Dios, y la paga del pecado es la muerte (Ro 6.23).

La buena noticia es que nuestro hermoso Salvador no solo murió por nuestros pecados, sino que también pagó el precio de la sanidad de nuestras enfermedades con su propio cuerpo. Y, mediante su obra en la cruz, podemos creer en la sanidad divina. La Biblia declara que «gracias a sus heridas fuimos sanados» (Is 53.5, NVI).

¿Cómo podemos recibir esta provisión de salud e integridad? Así como la muerte y la enfermedad llegaron a través de un acto de comer, creo que Dios ha ordenado que otro acto de comer revierta la maldición del pecado y entregue vida, salud y sanidad. En otras palabras, *puedes comer tu camino hacia la vida y la salud.*

¿De qué estoy hablando? De la Santa Cena.

El cuerpo de Cristo ha sido negligente con las verdades que hay detrás de la Santa Cena. Muchos la han visto como un mero ritual o tradición y participado de ella solo unas pocas veces al año, o a lo sumo una vez al mes. Pero en nuestra iglesia, gracias a las revelaciones que Dios ha abierto para nosotros, hemos estado participando de la Santa Cena cada domingo por casi dos décadas. Como resultado de la predicación del evangelio de la gracia, y de cómo Dios ha ordenado la Santa Cena como un canal para recibir sanidad, salud y plenitud, he recibido testimonios de sanidades de personas de todo el mundo. Estoy deseando compartir algunos de ellos contigo en este libro.

Curiosamente, muchos creen que para vivir una vida larga y saludable lo que hay que hacer es vigilar lo que se come y hacer ejercicio. No me malinterpretes. Por supuesto, come bien, evita los excesos que dañan tu cuerpo y elige un programa de ejercicios adecuado. Pero nuestra vida no puede depender de dietas, actividades extravagantes, *apps* de ejercicios y alimentos saludables. Gracias a Dios por los nutricionistas y por los instructores de *fitness*. Están en la misma batalla. Pero nuestra confianza tiene que apoyarse en la redención comprada por Cristo, y no en la creación.

La salud divina y una larga vida solo pueden venir de Dios. Su provisión para la vida y la salud no se vende en un envase, ni es un plan o una píldora. La hemos recibido de manera gratuita, pero llegó a un precio astronómicamente alto que pagó en la cruz del Calvario el propio Hijo de Dios.

CÓMO USAR ESTE DEVOCIONAL

Esta colección de noventa devocionales diarios contiene extractos de mi libro *Ven a la mesa* que te guiarán para recibir —mediante la participación de la Santa Cena— el completo beneficio de todo lo que el Señor Jesús ha comprado para ti. Quiero que sepas, sin el menor género de duda, que Dios quiere que estés sano, completo y en buen estado. Quiero que sepas que Dios desea de todo corazón que disfrutes de una vida larga, saludable y satisfactoria.

El poder sanador de la Santa Cena se divide en doce secciones. Cada sección revela verdades de la Biblia sobre el poder sanador de la Santa Cena que sé que te fortalecerán. El objetivo es que dediques un breve espacio de tiempo cada día para leer y reflexionar, para contemplar las circunstancias de tu vida a la luz de lo que has aprendido en cada lectura, y para dejar que las promesas de Dios sobre la sanidad divina llenen tu corazón, mente y lengua.

Cada una de las lecturas diarias están seleccionadas para mostrarte cómo aplicar y aprender el camino hacia la vida y la salud mediante esta comida. He añadido otras características para ayudarte a aplicar y vivir las verdades que Dios quiere que conozcas. Cada devocional incluye:

Versículo(s) clave. Un pasaje bíblico poderoso y edificante, relacionado con la lectura inspiradora, que te da un fundamento bíblico y ancla tu corazón en las vivificadoras verdades sobre la Santa Cena.

Te animo a meditar en estos versículos diarios. Te sorprenderá cómo el Espíritu Santo te abre la Palabra de Dios para recordarte su amor, renovarte y fortalecer tu corazón, ¡y para hacer que la sanidad y la vida fluyan en tu cuerpo!

Un devocional basado en *Ven a la mesa*. Una inspiradora verdad del nuevo pacto que ministra las promesas de Dios de salud, plenitud y una vida larga y abundante. Todas las lecturas están además escritas para ampliar un aspecto de la Santa Cena que te permitirá participar de la Cena del Señor con una mayor revelación. También encontrarás testimonios de personas que aplicaron las verdades sobre la Santa Cena que me escucharon compartir y experimentaron una increíble sanidad de parte de Dios. Algunos de estos testimonios están resumidos, puedes encontrar los relatos personales completos en *Ven a la mesa*.

La oración de hoy. Una oración llena de fe que te ayudará a expresarle a nuestro Señor Jesús lo que hay en tu corazón. Las oraciones de cada día te ayudan a expresar la fe en su amor y en su poder para sanarte, y a dar gracias al Padre por enviarnos el regalo de su Hijo. Ten la libertad de adaptar estas oraciones a tu situación y de tener conversaciones sinceras con tu amado Salvador. Que el Espíritu Santo abra tus ojos a tu rica herencia en Cristo en tu comunión con él.

El pensamiento de hoy. Pensamientos simples y poderosos basados en las lecturas diarias y en la Palabra de Dios para ayudarte a poner en acción en tu vida estas promesas de salud divina. Que estos pensamientos protejan tu mente de cualquier temor o pensamiento derrotista que el enemigo lance contra ti.

Estas noventa lecturas hay que leerlas una cada día para que te ayuden a lo largo de unos tres meses, dándote una enseñanza bíblica para edificar tu fe mientras miras al Señor en busca de tu sanidad, o para experimentar una mayor fuerza y vitalidad. Le pido a Dios que, a lo largo de tu viaje por las importantes revelaciones contenidas en este libro, puedas recibir la provisión de salud y plenitud de Dios a través de la Santa Cena y vivir día a día con una mayor medida de salud.

Nuestro Señor es el mismo ayer, hoy y siempre. Quiero mostrarte las promesas eternas de la Palabra de Dios que él tiene para ti. Voy a compartir historias de la Biblia y de personas que han sido sanadas aunque los doctores les dijeron que sus enfermedades eran terminales o incurables. Dios puede hacer por ti lo que ha hecho por ellos.

Si estás luchando con una enfermedad grave o un ser querido se enfrenta a un problema de salud, he preparado testimonios de personas que han experimentado la sanidad después de recibir una revelación de la obra consumada de Jesús y de la Santa Cena. Se trata de relatos personales añadidos a los que ya aparecen en *Ven a la mesa*. Deseo que, al leerlos, se anime tu corazón, se renueve tu esperanza y se fortalezca tu fe para recibir la sanidad que confías en que nuestro fiel Señor Jesús quiere darte.

Amigo mío, tu progreso sanador está en camino, y estoy deseando que recibas cada una de las bendiciones que nuestro Señor Jesús pagó para que goces de ellas. Déjame mostrarte cómo puedes comer tu camino hacia la vida y la salud.

VEN A LA MESA

*Porque yo recibí del Señor lo que también os he ense-
ñado: Que el Señor Jesús, la noche que fue entregado, tomó
pan; y habiendo dado gracias, lo partió, y dijo: Tomad,
comed; esto es mi cuerpo que por vosotros es partido; haced
esto en memoria de mí.*

*Asimismo tomó también la copa, después de haber
cenado, diciendo: Esta copa es el nuevo pacto en mi sangre;
haced esto todas las veces que la bebiereis, en memoria
de mí.*

*Así, pues, todas las veces que comiereis este pan, y
bebiereis esta copa, la muerte del Señor anunciáis hasta
que él venga.*

—1 Corintios 11.23–26

LOS SANÓ A TODOS

Cómo Dios ungió con el Espíritu Santo y con poder a Jesús de Nazaret, y cómo este anduvo haciendo el bien y sanando a todos los oprimidos por el diablo, porque Dios estaba con él.

—Hechos 10.38

¿Estás de acuerdo en que, aparte del regalo de la salvación —recibir a Jesús como nuestro Señor y ser salvados de la destrucción eterna—, la mayor bendición que podríamos recibir es la salud? Puedes tener una familia maravillosa, pero, si estás postrado en cama y no puedes disfrutar de estar con ellos, sería una desgracia. En cuanto al dinero, es posible que puedas pagar el tratamiento médico más moderno o a los mejores cirujanos, pero ni todo el dinero del mundo puede comprar la salud.

No tengo ninguna duda de que nuestro Señor Jesús, que anduvo sanando a todos los que estaban atados por enfermedades y dolencias, desea que estés sano, bien y lleno de vida. Y creo que él me ha dado la misión de enseñar sobre el poder salutífero y curativo de la Santa Cena. Esto no es una nueva revelación ni una moda pasajera. Por casi dos décadas he estado predicando, enseñando y practicando las ideas que el Señor me ha dado. Todos los domingos, en todos los servicios, incluyendo los infantiles, tomamos juntos la Santa Cena como iglesia. Estoy plenamente convencido de su eficacia, y personalmente participo de ella a diario. No sé cómo empezar a contarte hasta qué punto la libertad de recibir libremente la Cena del Señor nos ha bendecido a mi familia y a mí.

He predicado muchos mensajes sobre la Santa Cena. Pero prediqué lo que considero un mensaje decisivo el 7 de abril de 2002, con el título de

«Salud y plenitud por medio de la Santa Cena». Las verdades reveladas ese día llevaron a la sanidad y transformación de innumerables vidas alrededor del mundo y desataron una marea de revelaciones que sigue teniendo eco a través de muchas vidas. ¡Amigo mío, no quiero que *tú* te pierdas ese mensaje! Como regalo para ti, he preparado un enlace al mensaje. Puedes escucharlo visitando JosephPrince.com/eat. Creo que esta palabra la puso el Señor en mi corazón *para ti* hace muchos años. Fue importante entonces, pero creo que nunca ha sido tan importante como ahora. Era poderoso entonces, pero nunca ha sido más relevante que ahora.

Le pido a Dios que tu vida se revolucione al revelarte el Señor sus verdades. Sea cual sea la enfermedad o dolencia con que estés lidiando, que tu sanidad comience hoy.

––––––

EL PENSAMIENTO DE HOY

No dudes ni un momento que nuestro Señor Jesús quiere que disfrutes de su bendición de salud. Cuando Jesús anduvo en la tierra, no estuvo todo el tiempo caminando sobre el agua o calmando tempestades, pero sí estuvo *sanando* todo el tiempo. En cada pueblo al que entraba, en cada lugar donde iba, hacía el bien y sanaba a todos los oprimidos. Él hará lo mismo por ti.

LA ORACIÓN DE HOY

Padre, gracias por invitarme a venir a ti para recibir una revelación del poder sanador de la Santa Cena. Abre los ojos de mi corazón para ver a Jesús, quien anduvo haciendo el bien y sanando a todos los que lo necesitaban. Creo que cuanto más aprenda sobre tu amor y sobre cómo participar, por medio de la Santa Cena, de tu obra consumada más experimentaré tu provisión de sanidad. Amén.

NO SE EXIGE PERFECCIÓN

*Al que no conoció pecado, por nosotros lo hizo pecado, para
que nosotros fuésemos hechos justicia de Dios en él.*

—*2 Corintios 5.21*

En mis primeros años como cristiano, fui víctima de una enseñanza defectuosa y legalista basada en una mala interpretación de la enseñanza del apóstol Pablo sobre la Santa Cena en 1 Corintios 11.27–30:

> *De manera que cualquiera que comiere este pan o bebiere esta copa
> del Señor indignamente, será culpado del cuerpo y de la sangre del
> Señor. Por tanto, pruébese cada uno a sí mismo, y coma así del pan,
> y beba de la copa.* Porque el que come y bebe indignamente, sin
> discernir el cuerpo del Señor, juicio come y bebe para sí. *Por lo cual
> hay muchos enfermos y debilitados entre vosotros, y muchos duermen.*

Se me enseñó y advirtió, como quizás a ti también, que si había *algún* pecado en mi vida, incluidos los que no conocía o había olvidado confesar, ese pecado me hacía *indigno* de participar de la Santa Cena. Acarrearía sobre mí juicio y enfermedad, ¡e incluso una muerte prematura! ¿Pero cómo saber si era suficientemente «digno»? No vivía en pecado ni nada de eso, pero sabía que, para Dios, el pecado es pecado y, si alguien falla en una parte, es considerado culpable de todo (Stg 2.10). Como resultado, tenía tanto miedo de la Santa Cena que durante muchos años no la tomé. Después de todo, no era tonto. ¿Por qué iba a arriesgarme?

Me robaron mi herencia por culpa de una predicación bien inten-
cionada pero errónea que puso una valla invisible alrededor de algo cuyo
propósito era ser una *fuente* de salud y sanidad y una bendición para el
pueblo de Dios. Pusieron una valla alrededor que decía: «No te acerques
a menos que seas digno».

No quiero que te roben como a mí.

Esto es lo que dice la Palabra de Dios: la sangre de Jesús ya ha sido
derramada por nosotros y, como creyentes, somos la justicia de Dios en
Cristo (2 Co 5.21). Somos plenamente justos y dignos, no porque seamos
perfectos, sino porque *él* es perfecto. Él pagó el precio completo por el
perdón de nuestros pecados, que es lo único que nos hace dignos. Su sacrificio en la cruz nos ha hecho plenamente aptos para recibir su sanidad *y*
la victoria sobre el pecado y sobre toda forma de esclavitud que nos robe
la salud y la vida.

———

EL PENSAMIENTO DE HOY

Aunque el pecado es destructivo y sin duda estamos en contra
de él, no se nos exige ser perfectos para venir a la Mesa del Señor.
Si ese fuera un requisito previo, *nadie* podría participar. Gracias
a Dios que, aun cuando fallamos, tenemos «redención por su
sangre, el perdón de pecados, conforme a las riquezas de su gracia» (Ef 1.7).

LA ORACIÓN DE HOY

Señor Jesús, gracias porque en ti soy justicia de Dios. Gracias
porque, por haberme dado tu justicia, estoy completamente perdonado, todos mis pecados están pagados. Me has hecho digno
de participar de la Santa Cena, y vendré alegre y sin miedo a
recibir la sanidad, la vida y todo lo que tienes para mí. Amén.

QUE NO TE ROBEN

Mirad que nadie os engañe por medio de filosofías y huecas sutilezas, según las tradiciones de los hombres, conforme a los rudimentos del mundo, y no según Cristo.

—Colosenses 2.8

En la lectura de ayer, espero que hayas visto con claridad que en 1 Corintios 11 el apóstol Pablo no dice que los *indignos* no pueden participar de la Santa Cena. Vuelve a leer esos versículos con atención. Pablo se refería a la *forma* indigna en que una persona puede participar de la Santa Cena. Le estaba escribiendo a la iglesia de Corinto, cuyos miembros trataban la Cena del Señor con irreverencia, pues comían para saciarse sin pensar en los demás, e incluso llegaban a emborracharse (1 Co 11.20–22, NTV).

Está claro que Pablo los reprendía por tratar la Cena del Señor como cualquier otra comida, en lugar de participar de ella de una *manera* digna de lo que nuestro Señor Jesús había ordenado que fuera. Trataban la Santa Cena como algo ordinario en lugar de verla como algo santo y especial.

Para nosotros hoy, participar de la Santa Cena de una manera indigna es ser como la iglesia de Corinto, tratar los elementos de la Santa Cena como *comunes, insignificantes* e *impotentes*. Es tratar los elementos de la Santa Cena como naturales y ordinarios, como si no fueran más que galleta y jugo, y no reconocer el gran poder sagrado que tenemos en nuestras manos. Es desdeñar los elementos y ser como los hijos de Israel, que estaban tan habituados al maná, que Dios les daba siempre en su gracia, que consideraban el pan del cielo como algo sin valor (Nm 21.5). Es limitarse a cumplir con el trámite de comer el pan y tomar la copa sin valorar el significado y el poder que contienen.

Tal vez nunca has entendido en realidad por qué los cristianos toman la Santa Cena. Tal vez sea para ti un ritual vacío, algo que haces porque tu iglesia lo realiza de vez en cuando. Tal vez estás tomando la Santa Cena porque escuchaste testimonios de sanidad de otras personas y esperas que su «magia» pueda funcionar para ti también. O tal vez lo ves como una costumbre sentimental o una curiosa tradición que simplemente les recuerda a los cristianos las raíces de su fe.

Si alguna de estas hipótesis te describe, déjame decirte que *te* han robado. La buena noticia es que Dios está llegando a ti por las páginas de este libro para darte un claro entendimiento de lo que es en realidad la Santa Cena. ¡Le pido a Dios que durante estos noventa días de lectura se abran tus ojos y tu cuerpo reciba la plenitud del poder sanador de la Santa Cena!

EL PENSAMIENTO DE HOY

La Biblia dice que el pueblo de Dios se destruye «porque le faltó conocimiento» (Os 4.6). ¡Tu falta de conocimiento sobre lo que realmente es la Santa Cena te ha estado destruyendo, y ni siquiera lo sabes! Es hora de recuperar lo que el enemigo te ha robado.

LA ORACIÓN DE HOY

Padre, gracias por mostrarme que los elementos de la Santa Cena no son comunes, insignificantes e impotentes, sino poderosos para efectuar la sanidad que tú quieres que yo experimente. Gracias por tu Palabra, que renueva mi entendimiento de tus verdades eternas sobre la Santa Cena. Declaro que no me robarán su poder. Amén.

LA VERDADERA FUENTE DE LA JUVENTUD

El primer día de la semana [...] los discípulos se reunían para partir el pan.

—Hechos 20.7

Déjame decirte por qué creo que la Santa Cena es más poderosa que cualquier medicina, procedimiento médico, antibiótico y quimioterapia usados para curarnos el cuerpo. Déjame decirte por qué creo que la Santa Cena es la proverbial «fuente de la juventud» que la humanidad ha buscado por generaciones y por qué creo que cada vez que participamos de ella estamos renovando nuestra juventud como el águila (Sal 103.5).

La tierra ha estado sometida a juicio divino desde que Adán pecó. El envejecimiento, la enfermedad y la muerte son parte de esta sentencia divina. La realidad es que vivimos en un mundo caído y estos efectos de la sentencia divina están afectando a todos nuestros cuerpos mortales. Pero Dios nunca pretendió que sus hijos sufrieran nada de eso. Por eso envió a su Hijo para llevar nuestros pecados y enfermedades en la cruz. Por eso Dios proveyó la Santa Cena como un medio para escapar del juicio divino, para contrarrestar sus efectos. La Santa Cena es un canal sobrenatural para que su salud e integridad fluyan en nuestros cuerpos. Mientras que el mundo se debilita y enferma, creo que cada vez que tomamos la Santa Cena con fe ¡nos fortalecemos y nos sentimos más sanos!

La iglesia primitiva entendió con claridad cuán poderosa es la Santa Cena. Por eso la Biblia nos dice que partían el pan «por las casas»

(Hch 2.46). Cuando se reunían los domingos, la razón principal no era escuchar la predicación y la enseñanza. Los discípulos se reunían *para partir el pan* (Hch 20.7). Aunque el apóstol Pablo fuera el orador invitado ese fin de semana, la razón principal por la que se reunían era para partir el pan.

Si la gente de hoy conociera la magnitud del poder contenido en la Cena del Señor, sería como la iglesia primitiva, participaría de la Cena del Señor tan a menudo como pudiera y recibiría todos los beneficios que pudiera. ¡Nos han robado, amigos! ¡Es hora de despertar!

EL PENSAMIENTO DE HOY

Participemos siempre de una manera *digna* de la Cena del Señor, con una revelación de su obra consumada. Estemos siempre conscientes de que, al participar del pan, estamos participando del cuerpo de Jesús que fue partido para que el nuestro estuviera entero (1 Co 11.24; Is 53.5). Y mientras participamos de la copa, seamos conscientes de que estamos recibiendo su sangre, que fue derramada para el perdón y la remisión de *todos* nuestros pecados (Mt 26.28; Col 2.13).

LA ORACIÓN DE HOY

Padre celestial, ayúdame a ser como los primeros cristianos y a entender cuán poderosa es la Santa Cena. Ayúdame a que, siempre que participe, pueda ver el pan como el cuerpo de Jesús partido para mi sanidad y la copa como su sangre derramada para el perdón de todos mis pecados. Libero mi fe para recibir todas sus bendiciones y beneficios. Amén.

UNA AYUDA MUY PRESENTE

Dios es nuestro amparo y fortaleza, nuestro pronto auxilio en las tribulaciones.

—*Salmos 46.1*

Si Dios quiere que estemos sanos, y el cuerpo de Jesús fue partido por nosotros, ¿por qué hay cristianos que están enfermos? Conozco personalmente a creyentes que luchan con enfermedades graves, y seguro que tú también. Tú o algún ser querido podrían estar afrontando un problema de salud en este momento.

Si estás luchando contra una afección médica, por favor, has de saber que no hay nada malo en tener dudas y preguntas. El Señor conoce la confusión y el dolor que sientes, y quiere que sepas que él está contigo en todo el proceso. Sé que puede ser difícil seguir confiando en él cuando estás pasando por una prueba de fuego. Pero sigue confiando en él, amigo mío. Él es, en este momento, tu ayuda *presente*. Sigue poniendo tus ojos en él. Él es fiel, y no te dejará ni te abandonará (Dt 31.6).

Daniel 3 registra la historia de tres amigos (Sadrac, Mesac y Abednego), que fueron atados y arrojados a un horno de fuego cuando se negaron a inclinarse y adorar la imagen de oro erigida por el rey Nabucodonosor. El horno estaba tan caliente que los hombres que los arrojaron murieron abrasados. Pero el rey vio a los tres amigos caminando en medio del fuego, y vio a un cuarto hombre con aspecto «semejante a hijo de los dioses» (Dn 3.25). Asombrado, el rey los llamó, y él y todos sus oficiales vieron que el fuego no les hizo nada. No tenían ni un solo pelo chamuscado, sus ropas no estaban quemadas ni dañadas, y ni siquiera olían a humo. ¿Por qué? Porque el Señor estaba con ellos, protegiéndolos y liberándolos. Como resultado, el rey reconoció que no había otro Dios que pudiera librar como su Dios, y los tres amigos no solo fueron liberados, sino también ascendidos de cargo.

———

EL PENSAMIENTO DE HOY

Si estás pasando por una prueba, el Señor te librará. Así como estuvo en el horno con los tres amigos de Daniel, así también está *contigo*. Oro en el nombre de Jesús para que salgas de esta prueba mucho más fuerte que como entraste. Declaro que esta enfermedad *no* tendrá ningún poder sobre ti y que el Señor te librará tan plenamente que saldrás ¡sin ni siquiera oler a humo!

LA ORACIÓN DE HOY

Señor Jesús, no hay dios que salve y libere como tú. Gracias por mostrarme que no tengo que temer ni aun cuando esté en el horno, porque tú estás conmigo, caminarás junto a mí en el fuego y me protegerás. Creo que nada me dañará y que incluso ahora me estás liberando de problemas físicos. Gracias, Señor. Amén.

PERDONADO Y SANADO

Bendice, alma mía, a Jehová,
Y no olvides ninguno de sus beneficios.
Él es quien perdona todas tus iniquidades,
El que sana todas tus dolencias.

—Salmos 103.2–3

Es interesante que el apóstol Pablo llame nuestra atención sobre la razón por la que muchos cristianos están débiles o enfermos e incluso mueren antes de tiempo. No digo que toda enfermedad de todo creyente se deba a esto, pero la Palabra de Dios destaca esta razón. Es una buena noticia porque significa que, cuando sepamos cuál es la causa, podremos evitarla. Pablo dice: «Porque el que come y bebe indignamente, *sin discernir el cuerpo del Señor*, juicio come y bebe para sí. *Por lo cual* hay muchos enfermos y debilitados entre vosotros, y muchos duermen» (1 Co 11.29–30).

La «razón» que Pablo subraya es no «discernir el cuerpo del Señor». La palabra discernir traduce el verbo griego *diakrino*, que significa «hacer una distinción».[1] Hay quienes reconocen que la sangre de Jesús fue derramada para el perdón de nuestros pecados, pero no reconocen que su cuerpo fue partido para que nuestros cuerpos pudieran estar bien. También hay quienes aglutinan el pan y la copa como una sola cosa, y consideran que ambos juntos representan el perdón de los pecados, de modo que no distinguen entre los dos elementos. El mismo Jesús que compró el perdón de todos nuestros pecados también eliminó todas nuestras enfermedades. Al no hacer una distinción para ver que el cuerpo del Señor fue partido para que nuestras enfermedades fueran sanadas, se da lugar a que muchos estén enfermos y debilitados.

Si hay muchos que están enfermos y débiles porque no han discernido el cuerpo del Señor, es lógico deducir que lo opuesto sea verdad: aquellos que disciernen que su cuerpo fue partido para nuestra salud estarán sanos y fuertes, ¡y vivirán una buena y larga vida! Hay un gran poder sanador en la Santa Cena, pero demasiadas personas se han visto despojadas de este don, ya sea por no conocerlo o porque no se les ha enseñado bien lo que el Señor quería que fuera. Creo que a medida que creces en tu revelación de cómo su cuerpo fue partido para que el tuyo esté completo, ¡verás que recibes una medida cada vez mayor de su sanidad y su vida divina!

EL PENSAMIENTO DE HOY

Cada vez que participamos del cuerpo del Señor, estamos ingiriendo salud, vitalidad, fuerza y larga vida. Si hay una enfermedad en el cuerpo, será expulsada de manera sobrenatural. Si hay deterioro y degeneración, el proceso se invertirá. Si hay dolor, se quitará. Los resultados quizás no sean espectaculares e inmediatos, pero están asegurados y llegarán sin duda. Y yo oro para que los experimentes personalmente.

LA ORACIÓN DE HOY

Señor Jesús, gracias por mostrarme cómo discernir tu cuerpo mientras participo de la Santa Cena. Gracias por amarme tanto que permitiste que tu cuerpo se partiera para que el mío estuviera completo. Tú sufriste para que yo no tenga que soportar los malos síntomas y los dolores de mi cuerpo. Creo que incluso ahora mismo estás expulsando la enfermedad y eliminando todo mi dolor. Por medio de la Santa Cena, creo que estoy recibiendo más y más de tu salud, vitalidad, fuerza y larga vida. Amén.

VEN SIN MIEDO A LA MESA

Para Dios todo es posible.

—Mateo 19.26

Hace unos años, los médicos le encontraron un enorme tumor en la garganta a mi tío. Después de una exploración más a fondo, el patólogo le dijo que el cáncer se estaba extendiendo de forma agresiva por todo el cuello y detrás de la lengua. En ese momento, mi tío dijo que había perdido la esperanza de vivir. Pero antes de su cirugía para tratar de extirparle el tumor, sus hijas se acercaron a él y le dijeron: «Vamos a tomar juntos la Santa Cena, papá. Oremos y creamos en Dios».

Él contó que, mientras tomaban la Santa Cena, sintió por primera vez que la esperanza se elevaba en su corazón, y la tomó con fe en que Jesús era su sanador y en que el cuerpo de Jesús marcaría la diferencia en su cuerpo, allí mismo en la sala del hospital. Después de que los médicos extirparan el tumor, sorprendentemente la biopsia no reflejaba ningún rastro de cáncer en el tumor, aunque las múltiples exploraciones previas a la cirugía habían confirmado que era canceroso y agresivo. De alguna manera, el Señor había hecho que el cáncer desapareciera sobrenaturalmente, y creo que eso sucedió cuando mi tío y su familia tomaron la Santa Cena.

Del mismo modo, si hay una enfermedad en tu cuerpo y los médicos te han dado un pronóstico negativo, no temas ni desesperes. No vivas como si no tuvieras un Salvador. Tal vez no sepamos cómo puede producirse nuestra sanidad, pero tengamos fe en la obra consumada de Jesús. Él ha pagado el precio para que estés bien y ha allanado el camino para que puedas recibir no solo su amor y perdón, sino también su poder sanador.

Le pido a Dios que esta sección haya contribuido a responder a algunas de tus preguntas y que ahora estés entusiasmado por recibir sus beneficios gratuitamente. Quiero invitarte a la Mesa del Señor. La mesa no la han preparado manos humanas que pueden flaquear y fallar, sino el Perfecto cuyas manos fueron clavadas en la cruz por ti. Él te invita a venir a compartir su cuerpo partido por ti y su sangre derramada por ti. Ven sin miedo a la mesa, participa por fe y recibe tu sanidad.

EL PENSAMIENTO DE HOY

Si has recibido a Jesús como tu Señor y Salvador, has sido hecho digno por la sangre del Cordero. Has sido limpiado de todos tus pecados. No permitas que el enemigo te siga robando. Participa de la Cena del Señor con acción de gracias, sabiendo que cada vez que participas ¡te vuelves más saludable y más fuerte!

LA ORACIÓN DE HOY

Padre, gracias porque contigo a mi lado todo es posible. Gracias porque tu Hijo, el Perfecto cuyas manos fueron clavadas en la cruz por mí, ha preparado la mesa para mí. Vendré confiadamente a la mesa, participaré por fe y recibiré mi sanidad. Amén.

NO ES OTRO PLAN DE DIETA

Yo soy el pan vivo que bajó del cielo. Si alguno comiere de este pan, vivirá para siempre; y el pan que yo daré es mi carne, la cual yo daré por la vida del mundo [...]. Jesús les dijo: De cierto, de cierto os digo: Si no coméis la carne del Hijo del Hombre, y bebéis su sangre, no tenéis vida en vosotros. El que come mi carne y bebe mi sangre, tiene vida eterna; y yo le resucitaré en el día postrero. Porque mi carne es verdadera comida, y mi sangre es verdadera bebida. El que come mi carne y bebe mi sangre, en mí permanece, y yo en él.

—Juan 6.51, 53–56

LA RESPUESTA ESTÁ EN LA REDENCIÓN

Porque buena cosa es afirmar el corazón con la gracia, no con viandas, que nunca aprovecharon a los que se han ocupado de ellas.

—*Hebreos 13.9*

Puede que hayas escogido mi libro *Ven a la mesa* pensando que defiendo un nuevo plan de dieta. Lo cierto es que sí lo estoy haciendo. Pero la comida y la bebida de las que hablo no son comida y bebida naturales. En esta sección, quiero hablarte más sobre esta comida y bebida *sobrenaturales* y sobre la clave para vivir una vida larga y saludable *a la manera de Dios.*

Muchas personas se centran en la comida y la dieta como la clave de su salud. Yo mismo sigo una dieta saludable, y también hago ejercicio y salgo a caminar con regularidad. Pero déjame decirte que comer bien no garantiza una buena salud. Por ejemplo, estoy de acuerdo con los que defienden que la dieta mediterránea, que nuestro Señor Jesús habría seguido, es buena, pero todas las personas que Jesús sanó la seguían y aun así se enfermaron. Aquellos que comen los mejores superalimentos orgánicos y son superdisciplinados con su rutina de ejercicios también caen en enfermedades terminales y ven acortados sus días por la enfermedad. ¿Por qué? La creación está caída. ¡La respuesta no está en la *creación*, sino en la *redención*!

Si has seguido tales dietas y te ha ido bien, ¡gloria a Dios! Solo digo que nuestra confianza y dependencia no puede estar en los alimentos que comemos para estar sanos o tener una larga vida. No hay esperanza en la creación. Toda la creación gime y está sujeta a la decadencia y la muerte (Ro 8.21-22, NTV). Hebreos 13.9 nos dice que la única cosa segura sobre la que debemos establecer nuestros corazones es la gracia, y la gracia es la persona misma de nuestro Señor Jesús. La única garantía es la obra consumada de nuestro Señor Jesucristo.

Dios dedicó solo un capítulo de toda la Biblia a hablar de la creación. Sin embargo, cuando se trata de la redención, Dios dedicó más de diez capítulos solo en Éxodo a los sacrificios de sangre, las ofrendas y el tabernáculo de Moisés porque todos ellos hablan de las glorias y bellezas de su Hijo y de la obra de redención que fue enviado a llevar a cabo.

Para crear, Dios solo tuvo que hablar. Pero, para redimirnos, Dios tuvo que sangrar. Si creemos que podemos lograr la bendición de la salud con nuestra disciplina y buenas obras, estamos afirmando que la cruz fue inútil y que los sufrimientos de Jesús fueron en vano. Pero, amigo mío, no es así. No hay esperanza en la creación; ¡solo la hay en la cruz!

———

EL PENSAMIENTO DE HOY

Nuestro Señor Jesús tiene algo especial reservado para su pueblo, y es el don de su divina salud. La suya es una salud *sobrenatural* basada en la obra sobrenatural de la redención. Aunque comamos saludablemente y hagamos ejercicio con regularidad, si queremos acceder a la salud sobrenatural, nuestra confianza debe estar en un Dios sobrenatural y en el alimento sobrenatural que nos ha dado a través de la Santa Cena.

LA ORACIÓN DE HOY

Padre, gracias porque tu Palabra declara la obra sobrenatural de redención que Jesús llevó a cabo en la cruz. Hoy pongo mi esperanza solo en su obra consumada. Al participar de la comida sobrenatural que me has dado, creo en que me haces caminar con tu salud sobrenatural. ¡A Jesús sea toda la gloria! Amén.

DÍA 9

LA MANERA ORDENADA
POR DIOS

Yo soy el pan vivo que descendió del cielo; si alguno comiere
de este pan, vivirá para siempre; y el pan que yo daré es mi
carne, la cual yo daré por la vida del mundo.

—*Juan 6.51*

Déjame decirte más sobre esta comida y esta bebida sobrenaturales que tenemos que tomar. Son el único alimento que no tiene su base en la creación caída ni depende de los esfuerzos del hombre caído. Cuando comemos y bebemos este alimento sobrenatural, estamos participando de la obra de la redención y no de la creación.

En el versículo anterior, cuando el Señor Jesús dijo que él es el pan vivo, la palabra *vida* aquí es *zoe*, el mismo término griego que se usa en la Septuaginta cuando Dios sopló en Adán y recibió la vida (Gn 2.7). Aunque se refiere a la vida propia de Dios, *zoe* también se refiere a la vida física, la salud, la vitalidad y la integridad.[1] El alimento que Dios nos ha dado no es perecedero, sino un pan *vivo*: Jesús, que vino del cielo y nos fue dado para que tuviéramos vida.

Algunos piensan que Jesús estaba simplemente hablando de creer en él. Pero nuestro Señor Jesús continuó diciendo: «Porque mi carne es verdadera comida y mi sangre es verdadera bebida. El que *come* mi carne y bebe mi sangre, en mí permanece, y yo en él» (Jn 6.55–56).

¿Sabías que aquí se usan dos palabras griegas diferentes para *come*? Cuando dijo: «Si alguno *come* de este pan, vivirá para siempre» (Jn 6.51), se usó el término griego genérico *phago* para *come*. *Phago* se puede usar en un sentido físico o espiritual, como para alimentarse de Cristo.[2] Pero cuando Jesús dijo: «El que *come* mi carne y bebe mi sangre permanece en mí, y yo en él» (v. 56), la palabra traducida como *comer* es *trogo*, que significa «roer o crujir»[3] como cuando se comen frutos secos. No es posible espiritualizar el sonido de masticar algo crujiente. Jesús no hablaba aquí de comer o alimentarse espiritualmente. ¡Estaba hablando de comer físicamente, de masticar crujiendo!

Para entender mejor a qué se refería nuestro Señor, observa de qué hablaba la noche de su traición cuando partió el pan y se lo dio a sus discípulos, diciendo: «Tomad, comed; esto es mi cuerpo». Y piensa en a qué se refería cuando les dio la copa, diciendo: «Esto es mi sangre del nuevo pacto, que por muchos es derramada para remisión de los pecados» (Mt 26.26–28). Sí, hablaba de su inminente crucifixión, pero también estaba instituyendo la Santa Cena, una comida física.

La Santa Cena es la manera ordenada por Dios, su sistema de entrega, para que recibamos la inagotable, santa, rejuvenecedora, vencedora y perpetuamente saludable vida que Jesús tiene para nosotros cuando «comemos su carne y bebemos su sangre». ¡Lo único que se te pide es que vengas confiadamente y participes, con fe en que su obra consumada te hace apto para cualquier sanidad que necesites!

EL PENSAMIENTO DE HOY

La Biblia nos dice que «toda la multitud procuraba tocarlo, porque de él salía la fuerza y sanaba a todos» (Lc 6.19). La Biblia nos dice que «toda la gente procuraba tocarle, porque poder salía de él y sanaba a todos» (Lc 6.19). ¿Puedes imaginar el poder que estamos ingiriendo cuando compartimos el pan y la copa, su cuerpo partido y su sangre derramada?

LA ORACIÓN DE HOY

Señor Jesús, creo que tú eres el pan vivo que vino del cielo y que diste tu vida para que yo pudiera tener vida. Gracias por haber dispuesto la Santa Cena como la manera de hacer que yo reciba la inagotable, santa, rejuvenecedora, vencedora y perpetuamente saludable vida tuya. Gracias por infundirme la salud, el poder y la vida divinos cuando tomo el pan y la copa. Amén.

RAYADO, AGUJEREADO Y QUEMADO

Porque yo recibí del Señor lo que también os he enseñado: Que el Señor Jesús, la noche que fue entregado, tomó pan; y habiendo dado gracias, lo partió, y dijo: Tomad, comed; esto es mi cuerpo que por vosotros es partido; haced esto en memoria de mí.

—1 Corintios 11.23–24

¿**P**or qué eligió nuestro Señor Jesús el pan y el vino como los elementos que quería que tomáramos «en memoria» de él? Creo que es porque son recordatorios prácticos y visuales de lo que le pasó cuando fue a la cruz. Consideremos en primer lugar el pan.

El pan que nuestro Señor Jesús partió la noche de la Pascua era pan ácimo judío de matzá, que es un pan plano, parecido a una galleta, preparado especialmente para la Pascua. Quiero subrayar esto porque hoy en día la mayoría de nosotros, cuando mencionamos el pan, pensamos en panes suaves y esponjosos. Pero Jesús no se refería a este tipo de pan.

Cuando nuestra iglesia era más pequeña, comprábamos pan de matzá y lo partíamos en pedazos para nuestra congregación al tomar la Santa Cena cada semana. Al comer el pan, podíamos oír los crujidos que hacían los demás a nuestro alrededor, y creo que oíamos cómo se cumplía Juan 6.56, ¡oíamos cómo suena el *trogo*, el crujido!

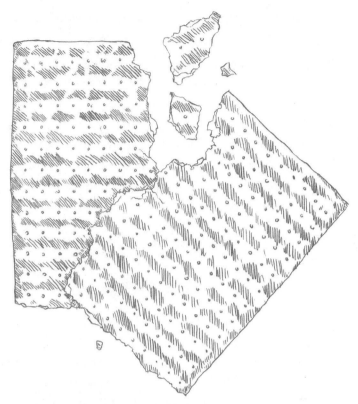

El pan de matzá es un recordatorio práctico y visual de
lo que Jesús sufrió por nuestra sanidad.

Los líderes judíos, que ni siquiera creían en Jesús, han transmitido a lo largo de los siglos las instrucciones para hacer el pan de matzá. Si observas la imagen del pan de matzá, notarás que está rayado, agujereado y quemado.

¿Sabes por qué el pan de matzá se hace de esta manera? Creo que el Señor ordenó que fuera rayado, agujereado y quemado para que cada vez que tomes la Santa Cena recuerdes lo que Jesús pasó por ti:

- *Rayado*, porque por las heridas de los latigazos que le dieron los soldados somos sanados (Is 53.5).

- *Agujereado*, porque sus manos y pies fueron perforados por clavos, su costado fue atravesado por la lanza del soldado (Jn 19.34) y su frente fue perforada por la corona de espinas (Jn 19.2).
- *Quemado*, porque el fuego del juicio de Dios cayó sobre él cuando cargó con nuestros pecados (Is 53.4).

Recibir la Santa Cena es liberar tu fe para ver su cuerpo herido y roto por tu sanidad y tu plenitud cuando participas del pan. Se trata de recibir su amor, sabiendo que él sufrió por ti para que pudieras recibir la sanidad que él quiere que tengas.

———

EL PENSAMIENTO DE HOY

Gracias a que el cuerpo de Jesús fue rayado, agujereado y que-mado en la cruz, podemos tener la plena seguridad de que la enfermedad y el mal *no tienen derecho* a estar en nuestro cuerpo. Nuestro Señor Jesús ya ha llevado todas las enfermedades en su cuerpo y ha revertido con su muerte toda maldición. Hoy pode-mos recibir todo lo que Jesús hizo en la cruz participando de la Santa Cena, mediante el simple acto de comer.

LA ORACIÓN DE HOY

Padre celestial, gracias por este poderoso recordatorio visual de que nuestro Señor Jesús fue herido, traspasado y quemado para nuestra sanidad. Gracias porque puedo recibir todo lo que Jesús hizo por mí en la cruz con el simple acto de comer cuando recibo la Santa Cena con fe. Declaro que la enfermedad y las dolencias no tienen derecho a estar en mi cuerpo. En el nombre de Jesús, amén.

LO QUE SOPORTÓ EL SALVADOR

... de tal manera fue desfigurado de los hombres
su parecer,
y su hermosura más que la de los hijos de los
hombres.

—Isaías 52.14

Nuestro Señor Jesús eligió el pan y el vino como los elementos de la Santa Cena porque son recordatorios prácticos y visuales de lo que le pasó cuando fue a la cruz. Tanto el grano como la uva tienen que ser molidos antes de que podamos tener el pan o el vino.

No consigues vino comiendo uvas. Las uvas tienen que ser primero pisadas y aplastadas. Luego se dejan en la oscuridad para que fermenten. Eso es lo que le pasó a nuestro Señor Jesús.

Es importante que discernamos el cuerpo del Señor para nuestra salud. Cada vez que participes de su cuerpo roto comiendo el pan, no lo hagas precipitadamente. Participa de una revelación de lo que él hizo por ti, y medita en el proceso que tuvo que sufrir el pan. En los tiempos de Jesús, para conseguir pan primero había que trillar el trigo, ya fuera sacudiendo las gavillas (Jue 6.11) o con un trillo (Is 41.15). Era un proceso violento que implicaba golpear, aplastar y cortar el trigo para separar el grano de la paja. Luego, para hacer harina, había que moler el grano en una piedra de molino o batirlo en un mortero. Después de eso, había que añadir agua y amasar la harina y luego hacerle agujeros antes de ponerla al fuego.

Todo esto es una imagen de lo que le pasó a nuestro Señor Jesús. Para llegar a ser el Pan de Vida para ti y para mí, fue brutalmente golpeado y molido una y otra vez durante su juicio y su crucifixión. Cuando fue condenado por el sumo sacerdote y el Sanedrín, se burlaron de él, le escupieron y le golpearon. Le vendaron los ojos y le golpearon en la cara (Lc 22.63–64; Mr 14.65). Luego lo llevaron a Poncio Pilato, quien lo mandó azotar brutalmente por los soldados romanos (Mt 27.26). Le pusieron una túnica escarlata en su maltrecho cuerpo, le hicieron una corona de espinas y se la clavaron en la cabeza. Le pusieron un bastón en la diestra, se inclinaron ante él y se burlaron. Le escupieron, le quitaron el bastón y le golpearon en la cabeza una y otra vez, clavándole las espinas cada vez más con cada golpe. «Cuando al fin se cansaron de hacerle burla» lo llevaron a ser crucificado (Mt 27.27–31, NTV).

Todo ello antes de que clavaran su cuerpo en la cruz. Nunca podremos imaginar o entender completamente la horrible tortura, la degradante humillación y el dolor tan insoportable que nuestro Salvador soportó por nosotros. Él padeció para que tú y yo no tuviéramos que sufrir el azote de la enfermedad en nuestro cuerpo. ¡Por los azotes que él sufrió, nosotros somos sanados! ¡Aleluya!

EL PENSAMIENTO DE HOY

¿Sabías que nuestro Señor Jesús tenía el poder de detener su calvario y derrotar a sus torturadores en cualquier momento? Cuando las tropas vinieron a arrestarlo, dijeron que buscaban a Jesús de Nazaret. La Biblia nos dice que él dio un paso adelante y pronunció el impresionante nombre de Dios que le fue revelado a Moisés: YO SOY (Éx 3.14) y los soldados se echaron atrás y cayeron al suelo (Jn 18.5–6). Eso es poder. Pero *eligió* dar su vida y soportar todo el dolor, por tu sanidad y la mía. ¡Eso es amor!

LA ORACIÓN DE HOY

Amado Señor Jesús, gracias por soportar la inimaginable tortura, humillación y dolor de tu juicio y de la cruz, todo por mí. Gracias porque me amaste tanto que elegiste sufrir y dar tu vida por mí. Siempre que participo de la Santa Cena, ayúdame a discernir tu cuerpo y a tener una nueva revelación de lo que hiciste para asegurar mi sanidad y mi salud. Amén.

POR SUS HERIDAS

*[Cristo] llevó él mismo nuestros pecados en su cuerpo sobre
el madero, para que nosotros, estando muertos a los pecados,
vivamos a la justicia; y por cuya herida fuisteis sanados.*

—*1 Pedro 2.24*

En su obra redentora, nuestro Salvador no quería que fueras salvo tan solo de tus pecados. Si eso fuera todo lo que quería lograr, el derramamiento de su perfecta sangre expiatoria habría sido suficiente. En el Antiguo Testamento, cuando los hijos de Israel llevaban sus animales de sacrificio a los sacerdotes como expiación por sus pecados, los animales nunca sufrían. Los sacrificaban compasivamente usando un método conocido hoy como *shechita* para asegurarse de que murieran rápidamente y sin dolor.[1]

Pero nuestro Señor Jesús no tuvo una muerte rápida e indolora. Sufrió como nadie, pasando por horas y horas de inimaginable tortura antes de morir. T. J. McCrossan, experto en griego, destacó que en el original 1 Pedro 2.24 dice: «por cuya herida de látigo fuisteis sanados». Explicó que la palabra traducida como *herida de látigo* estaba en singular y no en plural, porque Jesús fue azotado hasta que no quedó ni un solo jirón de piel en su espalda. Su espalda era una herida de látigo sangrante, una gran laceración abierta.[2] Según algunos relatos, los azotes podían ser tan brutales que hasta se podían ver los órganos internos de las víctimas.[3]

La Biblia nos dice que nuestro Señor Jesús estaba tan mutilado que ya ni siquiera parecía un hombre (Is 52.14). Creo que los presentes tuvieron que mirar hacia otro lado y esconder sus rostros porque no podían soportar mirar su grotesca y estremecedora apariencia (Is 53.3).

Amigo, él te ama mucho. Pasó por toda esa tortura porque era necesario el castigo para tu bienestar y salud, y él permitió que el castigo cayera sobre sí mismo (Is 53.5). Él lo soportó todo. El dolor más inimaginable, la degradación más absoluta. Y la Biblia nos dice por qué: fue «por el gozo puesto delante de él» (Heb 12.2).

¿El gozo? ¿Qué gozo fue el que le dio tanta fuerza para soportar la cruz? ¡Su amor por ti! Fue la alegría de verte bien, de verte libre de cáncer de páncreas, de leucemia, de artritis reumatoide, de la enfermedad de Lou Gehrig. Sea cual sea la enfermedad que padezcas, Jesús la ha cargado por completo. Él quiere que sepas cuán valioso eres para él y cuánto te ama.

EL PENSAMIENTO DE HOY

Solo con leer esto y saber lo que Jesús hizo por ti, creo que se ha iniciado la sanidad en tu cuerpo. Sea cual sea la enfermedad que te diagnostiquen, Jesús la cargó en su propio cuerpo para que no tuvieras que padecerla. Si estás enfermo y tal vez estás leyendo esto desde tu cama de hospital, di estas palabras: «Gracias, Señor Jesús, tú pasaste por todo eso *por mí*».

LA ORACIÓN DE HOY

Señor Jesús, gracias por mostrarme tu amor revelado en el inimaginable sufrimiento y en la muerte que sufriste por mí. Gracias por soportar el castigo completo de la cruz, por padecer todo ese dolor y sufrimiento por el gozo de asegurar mi bienestar y salud. Creo y declaro que por tus heridas soy sanado. Amén.

EL PODER DE DESTRUIR COMPLETAMENTE LAS ENFERMEDADES

Lo débil del mundo escogió Dios, para avergonzar a lo fuerte
[...] a fin de que nadie se jacte en su presencia.

—1 Corintios 1.27, 29

Para muchas personas, es la misma sencillez de la Santa Cena lo que hace que les sea tan difícil creer en su eficacia. Solo ven un pedacito de pan y una copita de jugo. No pueden imaginar cómo algo tan aparentemente insignificante puede ahuyentar la enfermedad o permitirles tener una larga vida.

Cuando dejamos de lado los elementos de la Santa Cena porque parecen insignificantes y débiles, estamos olvidando cómo obra Dios. La Biblia dice que Dios escoge lo débil del mundo para avergonzar a lo fuerte. Una y otra vez, vemos cómo Dios derrotó a los enemigos de los hijos de Israel no con poderío militar, sino mediante cosas aparentemente insignificantes.

Dios usó una honda y una piedra en la mano de un pastorcillo para derribar a Goliat, el poderoso paladín del ejército filisteo (1 S 17.38–51). Utilizó un martillo y una estaca de tienda de campaña en las manos de una mujer indefensa para destruir a Sísara, el despiadado comandante militar cananeo que había oprimido a los hijos de Israel durante veinte años (Jue 4.3–22). Usó la quijada de un asno en la mano de Sansón, un solo hombre, para matar a mil filisteos (Jue 15.15–16).

Es curioso que, cuando una mujer gentil se acercó al Señor Jesús buscando sanidad para su hija endemoniada, él se refirió a la sanidad como «el pan de los hijos». ¿Sabes lo que la mujer le dijo? «Sí, Señor; pero aun los perrillos comen de las migajas que caen de la mesa de sus amos». Jesús le dijo entonces: «Oh mujer, grande es tu fe; hágase contigo como quieres». Y en esa misma hora, su hija se curó (Mt 15.22–28).

¿Qué crees que representa el pan de los hijos que se pone en la «mesa de los amos»? ¡La Santa Cena! Tú y yo nos sentamos a la mesa del Maestro porque somos hijos e hijas del Dios Altísimo, y participamos libremente de la Cena del Señor. Si hasta las «migajas» que cayeron de la mesa pudieron curar a la hija de la mujer, ¡cuánta más sanidad y vida recibiremos teniendo la sustancia de la Santa Cena!

EL PENSAMIENTO DE HOY

Cuando los tienes en la mano, los elementos de la Santa Cena pueden parecer pequeños e intrascendentes. Tu carne puede tratar de decirte: «Qué tontería. ¿Qué poder tiene esta galletita?» o «No te hagas ilusiones. Nada puede ayudarte». Pero no escuches esas mentiras. No cometas el error de despreciar el pan y la copa, porque Dios puede usar algo que parece muy pequeño para destruir completamente enfermedades para las que el mundo no tiene cura.

LA ORACIÓN DE HOY

Padre, gracias porque puedo acudir a ti, el Dios Altísimo, como hijo tuyo y sentarme a tu mesa y participar libremente de la Cena del Señor. Gracias por la forma en que te vales de las cosas débiles del mundo para dejar como nada las cosas poderosas. Creo que al tomar hoy los elementos de la Santa Cena, pequeños y aparentemente insignificantes, estoy liberando tu gran poder para destruir completamente toda afección maligna en mi cuerpo. Amén.

NUESTRA ÚNICA SEGURIDAD

Luego que clamaron a Jehová en su angustia,
Los libró de sus aflicciones;
Los sacó de las tinieblas y de la sombra
de muerte,
Y rompió sus prisiones.

—Salmos 107.13–14

Ya que estamos hablando de cómo podemos tener vida y salud con esta comida, quiero compartir el testimonio de Zach, una persona de Singapur que hace ejercicio casi a diario y que, en sus propias palabras, es «cuidadoso con su dieta»:

Un día, mientras me preparaba para el trabajo, de repente perdí la fuerza de mi pierna y mi brazo izquierdos. Llamé a mi esposa y le dije que me sentía mal. Empecé a orar en el Espíritu, clamando a Jesús. Mi esposa también oró y declaró que por las heridas de Jesús soy sanado.

Unos cinco minutos después, recuperé la fuerza en la pierna y el brazo. Me pude levantar, pero no había recuperado mi capacidad motriz. Mi familia me llevó al hospital, donde me hicieron una resonancia magnética que reveló que había sufrido una leve apoplejía.

Se me vino el mundo encima. Me encontré preguntándome, ¿cómo es posible? Hago ejercicio casi a diario y cuido mi dieta.

Me ingresaron en el hospital; en la puerta de mi habitación había una cruz. Miré a ella y reclamé la obra consumada de Cristo, declaré mi cuerpo sano por su perfecta obra y seguí reclamando la obra consumada de Cristo. También tomamos la Santa Cena en familia y me ungí con aceite. Oré y reclamé las promesas de Dios que tenemos en Salmos 23.4–6.

Durante los tres días siguientes, las pruebas médicas confirmaron que había recuperado mi fuerza en un 80 a 85 por ciento y finalmente en un 95 por ciento, y me dieron el alta. En mi revisión de seguimiento, me dieron el visto bueno para volver a mi rutina regular de ejercicio. Poco después, competí en una carrera de 18K y la terminé en poco más de dos horas.

¡Toda mi alabanza para Jesús! Amén.

Una embolia cerebral puede llevar a un daño permanente. Estoy convencido de que la rápida recuperación de Zach se debió a la protección y la sanidad del Señor. Pero lo que quiero que veas es esto: Zach estaba confundido por haber sufrido una embolia, ya que hacía ejercicio casi a diario y era cuidadoso con su dieta. Al fin de cuentas, Zach no podía depender de su alimentación y ejercicio. Solo podía mirar a la cruz y depender de la obra consumada de Cristo. ¡Y esa es también nuestra única garantía! ¡Al mirar a tu Salvador y ver su obra perfecta disponible para ti hoy, también verás que te rescata de todas tus angustias!

———

EL PENSAMIENTO DE HOY

Si te enfrentas a un problema de salud, ¿puedo animarte a hacer lo que hizo Zach? Por muy grave que sea tu pronóstico, declara que tu cuerpo está sano gracias a la obra perfecta de Cristo, y mantente firme en su obra consumada. Sigue declarando su Palabra sobre ti y sigue agradeciendo al Señor por sus promesas.

LA ORACIÓN DE HOY

Padre, no hay dios como tú. Gracias porque para ti nada es demasiado difícil y porque gracias a la obra perfecta de Jesús no hay enfermedad ni afección que esté demasiado avanzada para ser sanada. Aun cuando veo los síntomas en mi cuerpo, elijo declarar tu Palabra y tus promesas. Y, al participar hoy de la Santa Cena, me veo sanado y saludable gracias a lo que Jesús ha hecho por mí. Amén.

NO TEMAS

Aunque ande en valle de sombra de muerte,
No temeré mal alguno,
porque tú estarás conmigo;
Tu vara y tu cayado me infundirán aliento.
Aderezas mesa delante de mí en presencia
de mis angustiadores;
Unges mi cabeza con aceite;
mi copa está rebosando.
Ciertamente el bien y la misericordia me seguirán
todos los días de mi vida.

—*Salmos 23.4–6*

En el testimonio de ayer, Zach tuvo la aterradora experiencia de perder de repente la fuerza en la mitad de su cuerpo, pero siguió declarando sobre sí las promesas de Salmos 23.4–6. Haz como Zach y no dudes que, aunque camines por un valle oscuro y la sombra de la muerte se cierna sobre ti, no tienes que temer, porque el Señor está *contigo*.

Fíjate en que el Señor prepara una mesa delante de ti *en presencia* (no en ausencia) de tus enemigos. El apóstol Pablo se refirió a la Santa Cena como «la mesa del Señor» (1 Co 10.21). Eso significa que, aunque tengas los síntomas e incluso esté ahí el dolor, el Señor quiere que vengas a su mesa y comas. Come todo lo que nuestro Señor Jesús ha hecho por ti en la cruz participando de la Santa Cena. Su cuerpo fue partido para que el tuyo estuviera entero.

Nuestra naturaleza humana nos hace celebrar y festejar solo *después* de ver que nuestros problemas se han resuelto y nuestros enemigos ya no están. Pero eso no es lo que Dios quiere. Él te ama mucho y ahora mismo te dice: «Descansa. Siéntate. Come. Porque yo pelearé tu batalla. ¡Yo derrotaré a tus enemigos!». Cuando comas en su mesa, verás cómo te vuelves más fuerte, de una manera sobrenatural. Mira cómo se deshace el tumor. Mira cómo fluye su salud en tu cuerpo.

No tengas miedo de tus enemigos. Pueden estar a tu alrededor, pero puedes comer de la Mesa del Señor con alegría, sabiendo que, *con toda seguridad, la bondad y la misericordia y su amor infalible te siguen* ¡todos los días de tu vida! Si buscas la palabra hebrea para *seguir* en Salmos 23.6, verás que es *radaph*, que significa «perseguir, cazar o seguir».[1] Mira cómo la bondad y el amor de tu Padre Dios te persiguen dondequiera que vayas. Incluso si tienes que someterte a una cirugía, a quimioterapia o a un trasplante de órganos, él está ahí contigo. En el quirófano, allí está él. En la unidad de cuidados intensivos, allí está él. No temas. ¡Él está contigo, y tus enemigos *no tienen poder* sobre ti!

EL PENSAMIENTO DE HOY

Si tu doctor te ha recetado unos medicamentos, por favor, sigue tomándolos, junto con la Santa Cena. Pero, incluso cuando los tomas o te sometes a un tratamiento, tu confianza puede estar en tu Señor Jesús para que te cure. Las medicinas están hechas por el hombre y vienen con advertencias sobre todos sus posibles efectos secundarios. Pero la Santa Cena nos la dio el mismo Dios, y sus únicos efectos secundarios son que te harás más joven y fuerte cada vez que la tomes.

LA ORACIÓN DE HOY

Señor Jesús, gracias por prepararme la mesa en presencia de mis enemigos, aun cuando siento los síntomas y el dolor en mi cuerpo. Vengo con gusto a la mesa y recibo tu bondad y la sanidad que necesito. Gracias porque tu bondad y tu amor me siguen dondequiera que vaya, incluso cuando estoy en tratamiento o en el quirófano. Por la fe, veo tu sanidad fluyendo en mi cuerpo, y no temeré. Amén.

NINGUNO DÉBIL NI ENFERMO

Y Moisés convocó a todos los ancianos de Israel, y les dijo: Sacad y tomaos corderos por vuestras familias, y sacrificad la pascua. Y tomad un manojo de hisopo, y mojadlo en la sangre que estará en un lebrillo, y untad el dintel y los dos postes con la sangre que estará en el lebrillo; y ninguno de vosotros salga de las puertas de su casa hasta la mañana. Porque Jehová pasará hiriendo a los egipcios; y cuando vea la sangre en el dintel y en los dos postes, pasará Jehová aquella puerta, y no dejará entrar al heridor en vuestras casas para herir.

—Éxodo 12.21–23

«¿POR QUÉ ESTA NOCHE ES DIFERENTE?»

Y cuando os dijeren vuestros hijos: ¿Qué es este rito vuestro?, vosotros responderéis: Es la víctima de la pascua de Jehová, el cual pasó por encima de las casas de los hijos de Israel en Egipto, cuando hirió a los egipcios, y libró nuestras casas.

—Éxodo 12.26–27

Creo que en esta sección, al comenzar a ver las bellas y poderosas verdades de la comida de Pascua que los hijos de Israel tomaron en Egipto, tu fe para recibir todo lo que el Señor tiene para ti se verá aumentada. A medida que aumenta tu revelación, la fe le sigue. La fe no es una lucha. Cuanto más contemples a Jesús y todo lo que ha hecho por ti, más fe tendrás para recibir tu sanidad. Te sorprenderá descubrir que la comida de Pascua que los hijos de Israel tuvieron en Egipto era figura de nuestra Santa Cena de hoy, y ambas señalan a la obra consumada en la cruz.

Hace años estuve en Israel y tuve el privilegio de celebrar la Pascua judía con una familia de creyentes mesiánicos que habían sido completamente transformados por el evangelio de la gracia. Durante la comida de Pascua, lo que me llamó la atención fue la pregunta que los niños sentados a la mesa les hicieron a los mayores: «¿Por qué esta noche es diferente de todas las demás?». Siguiendo una tradición oral del pueblo judío, esta pregunta daba a los mayores la oportunidad de compartir con la siguiente generación cómo el Señor había liberado a los hijos de Israel de la esclavitud y la servidumbre (Éx 7—11). Mientras los ancianos contaban la historia, los niños escuchaban cómo la sangre de un cordero sin defecto protegió a los israelitas del ángel exterminador que mataba a todos los primogénitos de Egipto, y cómo hizo que el faraón acabara dejando ir a los israelitas.

¿Puedes ver cómo incluso entonces Dios ya estaba mirando hacia la muerte de su Hijo y hacia cómo iba a derramar su sangre para liberarnos a ti y a mí de la oscuridad y la esclavitud del pecado y la enfermedad?

Cuando participes de la Santa Cena, quiero que te hagas la misma pregunta que los niños: «¿Por qué esta noche es diferente?». Puede que no sea de noche cuando tomes la Santa Cena, pero al tomarla recuerdas lo que pasó cuando nuestro Señor Jesús fue clavado en la cruz, suspendido entre el cielo y la tierra, y rechazado por el hombre y por Dios. Cuando Jesús nació, la medianoche se hizo mediodía cuando los ángeles llenaron el cielo y la gloria de Dios resplandeció por todas partes (Lc 2.8–11). Pero, mientras Jesús estaba colgado en la cruz por ti y por mí, el mediodía se convirtió en medianoche y las tinieblas cubrieron la tierra (Mt 27.45).

Amigo mío, si estás pasando por un período de oscuridad, anímate. Tu Salvador atravesó la oscuridad para que siempre puedas estar de pie en su maravillosa luz (1 P 2.9) y ver cómo se alza el Sol de Justicia con sanidad en sus alas (Mal 4.2).

EL PENSAMIENTO DE HOY

Gracias a lo que sucedió ese día en la cruz, puedes confiar en Dios para liberarte de la enfermedad que te tiene encadenado. Puedes recibir gratuitamente las bendiciones de la vida abundante, la salud y la fuerza. Puedes descansar en saber que has sido marcado y cubierto por la sangre de su protección y ninguna plaga puede acercarse a tu morada. Puedes estar seguro de que el mismo Dios que liberó a toda una nación de la opresión lucha por ti. Y, si Dios está de tu lado, ¡ninguna enfermedad, ningún virus o problema de salud puede prevalecer contra ti (Ro 8.31)!

LA ORACIÓN DE HOY

Padre, gracias por recordarme la terrible oscuridad por la que Jesús pasó en la cruz para que yo pueda estar siempre en la luz de su sanidad y su protección. Declaro que hoy estoy cubierto por tu sangre. Gracias a tu sangre, hoy te tengo a mi favor, y por tanto no hay ninguna enfermedad, virus ni afección médica que pueda prevalecer contra mí. ¡Aleluya! Gracias, Padre. Amén.

SOMBRA FRENTE A SUSTANCIA

*El animal será sin defecto, macho de un año [...]. Y tomarán
de la sangre, y la pondrán en los dos postes y en el dintel de las
casas en que lo han de comer.*

—*Éxodo 12.5, 7*

Durante la comida de Pascua que celebré con la familia mesiánica en
Israel, los ancianos les contaron a los niños cómo el Señor había dado a los
israelitas instrucciones para elegir un cordero sin defecto para cada hogar.
El *cuerpo* del cordero debía asarse y comerse con pan ácimo y hierbas
amargas, mientras que su *sangre* había que untarla en el dintel y en los dos
postes de sus casas (Éx 12.22). ¿Ves en la ilustración cómo la aplicación de
la sangre según las instrucciones habría formado una cruz?

*Aplicando la sangre del cordero en el dintel y dos postes de la puerta
(ilustración superior) se habría formado una cruz (ilustración inferior).*

Los mayores contaron cómo el ángel de la muerte recorrió todo Egipto a medianoche, y cómo se oyeron los gritos de sus opresores egipcios por todo el país cuando murieron todos los primogénitos, incluido el del poderoso faraón.

Los niños escucharon cómo, mientras esto sucedía, sus ancestros se juntaron en sus casas. Algunos estaban emocionados y expectantes, pues sabían que esta era la noche en que por fin serían liberados de años de aplastante esclavitud, mientras que otros estaban aterrorizados de que el destructor también atacara sus casas. Pero, independientemente de cómo se sintieran, la muerte *pasaba de largo* de sus casas si estaba la sangre del cordero en sus puertas y dinteles. Esa misma noche, el faraón cesó en su obstinada presión sobre los hijos de Israel, y comenzaron su éxodo de la tierra de Egipto. Eran libres.

Cada año, los judíos de todo el mundo siguen representando cómo el Señor los rescató con gran poder durante la noche de la primera Pascua, participando de una comida preparada minuciosamente y observando ciertas tradiciones. ¿Pero sabes qué? La Pascua era solo una *imagen* de lo que nuestro Señor Jesús lograría en la cruz cuando liberó a la humanidad de la esclavitud de un faraón mayor: ¡Satanás mismo! Hoy tenemos al verdadero Cordero de Dios, que ya derramó su sangre por nosotros. Podemos esperar con confianza que nos liberará de cualquier esclavitud y opresión a la que el enemigo intente someternos, incluida la enfermedad.

EL PENSAMIENTO DE HOY

Lo que tenían los hijos de Israel era solo la sombra. Lo que tenemos bajo el nuevo pacto inaugurado por su sangre derramada es la *sustancia*. No fue una coincidencia que nuestro Señor Jesús instituyera la Santa Cena la misma noche que celebró la Pascua (Mt 26.17–29; Mr 14.12–25; Lc 22.7–20). El apóstol Pablo se refirió a él como «Cristo, nuestro Cordero Pascual» (1 Co 5.7, NTV) porque su sacrificio en la cruz era el cumplimiento y la plenitud de la Pascua que los hijos de Israel habían estado celebrando por generaciones.

LA ORACIÓN DE HOY

Señor Jesús, gracias por mostrarme que la sangre derramada y el cuerpo del cordero sin defecto de la Pascua no son más que una sombra de lo que hiciste en la cruz para liberarme de la esclavitud del pecado y de Satanás. Gracias por ser el verdadero Cordero de Dios para mí y liberarme de todo pecado, esclavitud y enfermedad. Amén.

NINGUNO DÉBIL

Los sacó con plata y oro,
Y no hubo en sus tribus enfermo.

—*Salmos 105.37*

¿**S**abes lo que pasó cuando los hijos de Israel comieron el cordero de la Pascua? Esa misma noche, Dios liberó a los israelitas de una severa opresión y los libró de su cautiverio. Pero no solo eso. La Biblia también dice que entre los seiscientos mil hombres que salieron de Egipto en la noche del éxodo no había nadie débil ni enfermo (Éx 12.37). Pero, si incluimos a las mujeres y los niños, los expertos estiman que esa noche fueron liberados entre dos y tres millones de israelitas.[1]

¡De estos, ninguno, ni uno solo, salió débil! Piensa en el trabajo agotador que los israelitas se vieron obligados a hacer y en los golpes y azotes que sufrieron por parte de sus amos (Éx 1.13–14), por no hablar de la desnutrición por la mala dieta que probablemente tuvieron que seguir y por las terribles condiciones de vida que debieron enfrentar. A pesar de los años de duro y severo trabajo que tuvieron que soportar, no hubo nadie que saliera enfermo, ni nadie que anduviera tambaleándose, ni uno que careciera de fuerza o tuviera problemas de movilidad.

¿Crees que, de manera natural, cada uno de los esclavos de esta nación podría estar completamente fuerte y saludable? Por supuesto que no. Y, entre tantos de ellos, seguro que también habría habido esclavos ancianos. Entonces, ¿cómo es posible que la Biblia diga que no hubo ninguno enfermo entre ellos?

Yo te digo que algo les pasó a sus cuerpos la noche de la Pascua al comer del cordero asado. Creo que muchos de ellos *estaban* débiles y enfermos antes de la noche de la Pascua. Pero *ocurrió algo* que revirtió todos los efectos de las lesiones por estrés de repetición, de las tensiones musculares y de ligamentos, de las lesiones de incapacidad laboral, de los problemas de la edad y de las enfermedades infecciosas que podrían haber asolado a los israelitas por las condiciones en que vivían. *Algo sucedió* esa noche que hizo que estuvieran saludables de una manera sobrenatural. Los hijos de Israel se llenaron de fuerza divina para el viaje que Dios sabía que sería largo, y creo que se rejuvenecieron como el águila (Sal 103.5; Is 40.31).

Si eso pudo ser así para los hijos de Israel cuando todo lo que tenían era un cordero natural (la sombra del verdadero Cordero de Dios que tú y yo tenemos), ¿*cuánto* más deberíamos ver nuestros cuerpos sanados, nuestra fuerza rejuvenecida y nuestras flaquezas revertidas cuando participamos de la Santa Cena? Tenemos al *verdadero* Cordero de Dios, la *sustancia* y la *realidad* de la sombra en la que creían los israelitas. ¡*Cuánto más* deberíamos no tener a nadie débil ni enfermo entre nosotros!

EL PENSAMIENTO DE HOY

¿Sabías que no hay que estar enfermo para disfrutar de los beneficios de la Santa Cena? Aunque te encuentres bien, puedes creer en una mayor medida de salud. Tanto si estás tomando la Santa Cena para sanar tu cuerpo como si estás simplemente creyendo para tener nuevas fuerzas, quiero que veas que puedes creer en recibir salud sobrenatural como los hijos de Israel que comieron del cordero pascual. Los que estaban enfermos salieron curados. Los que estaban débiles salieron fuertes. ¡Y los que eran fuertes salieron aún más fuertes!

LA ORACIÓN DE HOY

Padre en el cielo, gracias por ser un Dios de milagros, que nos llena de fuerza divina para cualquier viaje que nos espere. Gracias por el verdadero Cordero de Dios que sana, fortalece y revierte las debilidades cuando participo de la Santa Cena. Declaro que poseo salud, sanidad, larga vida y plenitud, y que mi juventud se renueva como la del águila. Cuando tomo la Santa Cena, tú obras en mi cuerpo para hacerme más fuerte y saludable cada día. Amén.

DÍA 19

CRISTO, NUESTRO CORDERO PASCUAL

Cristo, nuestro Cordero Pascual, ha sido sacrificado por nosotros.

—*1 Corintios 5.7*, NTV

Puede que hoy no tengas cadenas físicas que te aten ni látigos de brutales capataces para hacerte trabajar como tuvieron los israelitas antes de la Pascua y el éxodo. Pero tal vez no seas ajeno a un dolor crónico que te ha atado durante años. Tal vez te has visto atormentado por síntomas recurrentes que te han dejado un dolor constante. Al participar en la Santa Cena, contémplate participando de Jesús, el verdadero Cordero de Pascua. Aunque no veas resultados inmediatos, sigue haciéndolo. Al participar, debes saber que tu libertad está cerca. Al participar, debes saber que te estás haciendo más fuerte y saludable.

Dalene, una dama de Pennsylvania, experimentó el poder curativo del verdadero Cordero de Dios al participar de la Santa Cena. Le pido a Dios que su testimonio te anime:

El miércoles, en el trabajo, me dolía mucho la espalda y sentía náuseas. Me fui a casa y dormí el resto de la tarde y toda la noche hasta la mañana siguiente. Me desperté y todavía me dolía la espalda, así que vi su video sobre la Santa Cena. Así vi edificada mi fe con la confianza en que el cuerpo de Jesús ya cargó con la angustia y el dolor.

Mientras tomaba la Santa Cena, vi a Jesús dándome el pan, diciéndome: «Esto es mi cuerpo». Lo comí y visualicé la transformación en mi cuerpo mientras recibía su sanidad. Reflexioné en que, si un cordero asado podía dar fuerzas y energía a Israel, cuánto más el Cordero de Dios sanaría a una hija de Dios. Mi espalda se curó inmediatamente, se fue la angustia y fui restaurada. ¡Gloria a Dios!

El mensaje de gracia ha transformado mi vida en prácticamente todas las áreas. Muchas gracias por predicar su mensaje.

Por cierto, ¿me permites subrayar que Dalene estaba viendo un video que enseñaba sobre la Santa Cena *antes* de participar de ella? Si estás confiando en Dios para la sanidad, quiero animarte a hacer lo mismo que Dalene: escuchar la enseñanza sobre la Santa Cena antes de tomarla. Mientras escuchas o ves, que se edifique tu fe para recibir *todo* lo que el Señor ha hecho por ti, y que también experimentes la sanidad y la liberación de toda angustia.

────────

EL PENSAMIENTO DE HOY

Si la sangre de un animal pudo proteger a los hijos de Israel de la plaga, ¿*cuánto más* la sangre santa y sin pecado del Hijo de Dios te protegerá de la destrucción y también de cualquier enfermedad? No estoy diciendo que como creyente nunca te enfermarás. Por desgracia, vivimos en un mundo caído. Pero, si caes enfermo, tienes el derecho, comprado con sangre, de declarar que, por las heridas que tu Salvador sufrió, estás sanado. Tienes el derecho comprado con sangre de reclamar como porción tuya la salud y la plenitud.

LA ORACIÓN DE HOY

Señor Jesús, mi verdadero Cordero de la Pascua, gracias por tu sangre santa y sin pecado que me protege de la destrucción y contra cualquier enfermedad. Al participar de la Santa Cena y comer de tu cuerpo partido, creo que estoy recibiendo la salud y la integridad divinas que me pertenecen como hijo de Dios. Declaro mi derecho, comprado con sangre, a recibir la sanidad que has pagado para mí. Amén.

EL PODER DE LA SANGRE

Y veré la sangre y pasaré de vosotros, y no habrá en vosotros
plaga de mortandad cuando hiera la tierra de Egipto.

—*Éxodo 12.13*

¿Te fijaste en que antes de la Pascua Dios prometió que, cuando viera la sangre del cordero en los postes de las puertas de los israelitas, estos se salvarían de la destrucción? Cuando el ángel de la muerte pasó por el país, los hijos de Israel que temblaban de miedo no tenían por qué hacerlo. Se salvaron de la destrucción no por ser israelitas, por su buen comportamiento ni por nada que hubieran hecho. Se salvaron solo por una cosa: por la sangre del cordero.

Es probable que sientas ansiedad porque los médicos han detectado algunas anomalías en tu reciente revisión médica. O tal vez algunos de tus parientes han caído en una determinada enfermedad y temes ser el siguiente. Amigo mío, quiero que sepas que *no tienes que tener miedo*, puesto que has sido salvado por la sangre derramada del verdadero Cordero de Dios, que quita el pecado del mundo (Jn 1.29). Si eres creyente, puedes poner tu confianza en la sangre real de las venas de Emanuel que está en los dinteles de tu vida. La cruz trasciende el tiempo, y ese día su sangre te limpió de *todo* pecado pasado, presente y futuro. Estás completamente perdonado no por tus buenas acciones, sino por su sangre (Ef 1.7). ¡Descansa en el Cordero que murió por ti en el Calvario!

Deja de considerarte no cualificado para su sanidad por los fracasos de tu vida. Deja de creer las mentiras del enemigo de que no mereces ser sanado por culpa de tus errores o porque no has ido lo suficiente a la iglesia. Cuando Dios te mira, no te ve en tus fracasos y debilidades. Solo ve a su Hijo porque tú estás en Cristo. Por estar *en Cristo*, eres completamente acepto en el Amado (Ef 1.6) y *ya* eres bendecido con toda bendición espiritual (Ef 1.3). Esto significa que, aunque tu cuerpo tenga síntomas, Dios te ve como sanado. Cada vez que participes de la Santa Cena, empieza a verte como te ve Dios. Considérate curado, completo y lleno de fuerza y vida divinas.

Cada vez que participes de la copa del nuevo pacto en su sangre (1 Co 11.25), debes saber que la sangre de Jesús «habla mejor» bajo el nuevo pacto que la sangre de Abel (Heb 12.24). La sangre de Abel había clamado por venganza (Gn 4.10). La sangre de Jesús clama por tu redención (Ef 1.7; 1 P 1.18–19), tu justificación (Ro 5.9), tu victoria sobre el enemigo (Ap 12.11) ¡y mucho más!

EL PENSAMIENTO DE HOY

Por la sangre de Jesús, Dios te imputó justicia en el momento en que aceptaste a Jesús como tu Señor y Salvador. No hay ningún muro de separación entre tú y Dios (Ef 2.13). Puedes presentarte confiadamente ante Dios. Puedes acercarte a él para hallar socorro en tu momento de necesidad (Heb 4.16; 10.19–22). Sean cuales sean los desafíos a los que te enfrentes, ya sea en lo que respecta a tu salud, tus emociones, tus finanzas o tus relaciones, no tienes que manejarlos solo. El Creador del cielo y la tierra te llama hijo suyo y precioso (Jn 1.12; 1 Jn 3.1). ¡Corre hacia él!

LA ORACIÓN DE HOY

Padre, gracias por ver la sangre derramada del Cordero de Dios que está en los dinteles de mi vida. Gracias porque soy completamente aceptado y hecho justo en tu amado Hijo. Gracias a ello, siempre puedo acudir inmediatamente a ti cuando lo necesito. Hoy, al participar de la Santa Cena, declaro que estoy como tú me ves: sanado, completo y lleno de fuerza y vida divinas. Amén.

IMPORTA CÓMO COMES

*Y aquella noche comerán la carne asada al fuego, y panes
sin levadura; con hierbas amargas lo comerán. Ninguna cosa
comeréis de él cruda, ni cocida en agua, sino asada al fuego;
su cabeza con sus pies y sus entrañas.*

—*Éxodo 12.8–9*

No te limites a hojear el libro de Éxodo y verlo como un registro histórico antiguo. Me encantan los pequeños detalles que el Espíritu Santo dejó escritos, y creo que, cuando te tomes el tiempo de buscar en las Escrituras, los ojos de tu entendimiento se abrirán y verás revelaciones de Jesús que nunca habías visto, y experimentarás sanidad y liberación. Me encanta contemplar a Jesús en la Pascua.

Por ejemplo, mira las instrucciones de Dios sobre *cómo* debían los israelitas comer el cordero de la Pascua. Se les dijo que *no* comieran el cordero de Pascua crudo. ¿Cómo se aplica esto a nosotros? Cuando participamos de la Santa Cena, no deberíamos centrarnos en la vida de nuestro Señor Jesús en crudo, antes de haber sido «quemada» por el fuego del juicio de Dios en la cruz. No deberíamos verlo como un bebé en un pesebre o como se narra en los Evangelios antes de la cruz. Sí, él es un gran maestro y líder. Sí, él es Dios encarnado. Él es Emanuel, Dios con nosotros. Y sí, vivió una vida perfecta, pero no fue su vida perfecta la que nos salvó. Fue su sacrificio y muerte en la cruz. En otras palabras, necesitamos verlo «asado en el fuego». Eso es lo que tenemos que meditar cuando tomamos la Santa Cena.

También se dijo a los hijos de Israel que *no* comieran ninguna parte del cordero «cocida en agua». Creo que esto significa que no debemos diluir ni limpiar lo que Jesús hizo por nosotros en la cruz. Como vimos anteriormente, debido a los azotes y los golpes que sufrió, en la cruz el rostro de Jesús quedó irreconocible. Su apariencia estaba más estropeada que la de cualquier otro (Is 52.14). Cuando tomas la Santa Cena, imagina a Jesús en la cruz y recuerda cómo sufrió por tu perdón y tu salud.

Dios también les dijo a los hijos de Israel que comieran el cordero «asado al fuego». Esa es una imagen del fuego del juicio de Dios desatado sobre Cristo. El pecado tenía que ser castigado y, mientras colgaba de la cruz, Jesús gritó: «¡Tengo sed!» (Jn 19.28) porque el fuego de la santa venganza y la justa indignación de Dios cayó sobre él. Él se sometió al juicio de Dios, para que tú y yo nunca caigamos bajo la ira de Dios (Ro 5.9–11). Como nuestros pecados ya han sido castigados en el cuerpo de nuestro sustituto, sería injusto que Dios castigara los mismos pecados dos veces.

Hoy, la santidad y la justicia de Dios están de nuestro lado, demandando nuestra justificación, nuestro perdón, nuestra sanidad y nuestra liberación. La próxima vez que tomes la Santa Cena y tengas el pan en la mano, contempla su cuerpo quemado y herido con tus pecados y enfermedades en la cruz, y comienza a caminar en la plenitud de los beneficios de todo lo que consiguió por ti en la cruz.

EL PENSAMIENTO DE HOY

En la cruz, Jesús no solo tomó nuestros pecados; *fue hecho pecado* para que nosotros pudiéramos ser justicia de Dios en él (2 Co 5.21). También tomó nuestras enfermedades y las cargó en su cuerpo (Is 53.4; Mt 8.17). Cada tumor, cada bulto canceroso, cada deformidad, cada artritis reumatoide, cada tipo de enfermedad, él los cargo sobre sí en la cruz. Él los llevó todos para que tú no tuvieras que cargar con ninguno de ellos en tu cuerpo.

LA ORACIÓN DE HOY

Padre, gracias porque el fuego de tu justo juicio por mi pecado se desató sobre Jesús. Gracias por haberme hecho justo en él y porque tu santidad y tu justicia están ahora a mi favor, asegurando mi justificación, perdón y sanidad. Ayúdame a ver el cuerpo de Jesús en la cruz, quemado y herido con mi pecado y mis enfermedades. Recibo una nueva impartición de tu amor y tu poder de curación ahora mismo. En el nombre de Jesús, amén.

UN SIMPLE GEMIDO LLEGARÁ AL TRONO

Aconteció que después de muchos días murió el rey de Egipto, y los hijos de Israel gemían a causa de la servidumbre, y clamaron; y subió a Dios el clamor de ellos con motivo de su servidumbre. Y oyó Dios el gemido de ellos, y se acordó de su pacto con Abraham, Isaac y Jacob.

—*Éxodo 2.23–24*

Hay un enemigo que quiere mantenerte esclavizado a ese problema de salud en tu vida. El enemigo quiere dejarte en un lugar de desesperación y mantenerte tan concentrado en tus decepciones que no puedas hacerte con las promesas de Dios. Eso es lo que les hizo a los hijos de Israel. Cuando Moisés les dijo a los israelitas que Dios los rescataría de su esclavitud, la Biblia cuenta que «ellos no quisieron escucharlo más porque estaban demasiado desalentados por la brutalidad de su esclavitud» (Éx 6.6–9, NTV).

Pero Dios no los abandonó, aunque se negaron a escuchar. Sabía que se encontraban en un estado de desesperación porque habían sufrido bajo el yugo de la esclavitud por mucho tiempo. ¿Quieres saber qué hicieron los hijos de Israel que causó que Dios los rescatara tan poderosamente? Léelo tú mismo en el versículo de arriba. Los hijos de Israel estaban tan oprimidos que lo único que podían hacer era gemir. No les quedaba nada ni para articular una oración. Y la Biblia nos dice que *oyó Dios el gemido de ellos* y recordó su pacto con Abraham, Isaac y Jacob.

Te cuento esto porque quiero que sepas que *no* necesitas elaborar impresionantes declaraciones de fe ni hacer algo por Dios antes de que él te oiga. Un simple gemido llegará al trono. Un simple suspiro tuyo llegará al salón del trono de tu Abba en el cielo. Si un simple gemido de los hijos de Israel podía activar el pacto que Dios había cortado con sus antepasados, ¡*cuánto más* lograría tu clamor, oh hijo del Altísimo!

Si te encuentras en una situación de desánimo por tus problemas de salud, clama a él y recibe esta perspectiva adicional de la Pascua como un estímulo. Me encanta que Dios les dijera a los hijos de Israel que participaran del cordero de la Pascua de esta manera: «Y lo comeréis así: ceñidos vuestros lomos, vuestro calzado en vuestros pies, y vuestro bordón en vuestra mano» (Éx 12.11). ¿Por qué tenían que comer con los cinturones puestos, las sandalias calzadas y el bastón en la mano? Dios les estaba diciendo que estuvieran listos para su liberación física incluso mientras comían el cordero asado.

De la misma manera, cuando participamos de la Cena del Señor, hagámoslo con fe y esperanza. Nuestro compasivo Señor Jesús ha escuchado nuestros gemidos y tiene la voluntad y el poder de librarnos de cualquier opresión. Participemos esperando que suceda nuestro milagro, esperando nuestra liberación. Así lo hicieron los israelitas, a pesar de sus sufrimientos, y salieron sin nadie enfermo ni débil. Quiero ver que eso sea así para mi iglesia y para todos ustedes. Es posible que aún no hayamos llegado al punto de poder decir que no tenemos a nadie débil ni enfermo, pero creo que estamos en camino.

EL PENSAMIENTO DE HOY

Incluso si tienes un problema de salud o un dolor físico, participa de la Cena del Señor por fe, dando gracias porque ya estás sanado, esperando ver la plena manifestación de tu sanidad. Creo que cada vez que participamos en la Cena del Señor nos estamos volviendo más saludables, ¡más y más fuertes!

LA ORACIÓN DE HOY

Abba, Padre, gracias porque escuchas cada uno de mis gemidos, porque cada suspiro llega a tu trono, y porque, mientras clamo a ti, la liberación y la sanidad están en camino. Gracias porque al participar de la Cena del Señor puedo hacerlo con fe y esperanza de que mi milagro se produzca. Te doy gracias porque ya estoy sanado. En el nombre de Jesús, amén.

DÍA 23

UN NUEVO COMIENZO

Este mes os será principio de los meses; para vosotros será este el primero en los meses del año.

—*Éxodo 12.2*

Tal vez estés pensando: *Ya intenté participar de la Santa Cena antes, pero no funcionó*. O tal vez ese problema de salud te ha encadenado por tanto tiempo que te has dicho a ti mismo que dejes de esperar, porque, si no te ilusionas, al menos no te decepcionarás de nuevo. Tal vez piensas que no estás cualificado para orar porque no tienes «suficiente fe». Es posible que hayas oído que tienes que orar sin dudar en tu corazón (Mr 11.23), pero no puedes evitar sentir miedo al enfrentarte al tamaño del tumor, o a lo mucho que se ha extendido la enfermedad, o a tu bajo nivel de plaquetas.

Así que has dejado de orar. Dejaste de tener esperanza. Dejaste de creer.

Si algo de lo que he dicho te suena muy familiar, tengo una palabra para ti. ¿Me permites invitarte a que le des otra oportunidad al Señor?

Cuando Dios les enseñó a los israelitas a celebrar la primera Pascua, dijo: «Este mes os será principio de los meses». Esto habla de un nuevo comienzo.

Hoy quiero animarte a dar un paso de fe. Que este día sea el comienzo de tus días. Cuando pones tu confianza en el Cordero que fue sacrificado por ti, estás dando un paso hacia un nuevo comienzo. Olvida las cosas de antes. Olvida los fracasos y decepciones del pasado.

Quiero invitarte a que vuelvas a poner tu fe en aquel que dio su vida por ti. Toma el pan y di: «Gracias, Señor Jesús. Tú entregaste tu cuerpo para ser partido, para que el mío pudiera estar completo. Por las heridas que tú sufriste en tu espalda, yo veo mi cuerpo sanado de la cabeza a los pies».

Toma la copa y di: «Señor Jesús, gracias por tu preciosa sangre que me ha limpiado de todo pecado. Hoy participo de toda la herencia de los justos, en la que se incluye la protección, la sanidad, la plenitud y la provisión».

Al venir a la Mesa del Señor, confía en que experimentarás lo que los israelitas experimentaron después de comer el cordero asado y salir sin nadie débil y sin nadie enfermo. Amigo mío, creo contigo en un nuevo comienzo. El enemigo quiere mantenerte atado, ¡pero el Señor quiere liberarte!

EL PENSAMIENTO DE HOY

Tal vez nunca tuviste una revelación de cuánto sufrió el Señor Jesús para pagar por tu sanidad. Tal vez nunca supiste cuánto poder hay en la Santa Cena. Pero oro para que, mientras sigues leyendo este libro, los ojos de tu entendimiento se abran a la grandeza de su poder para contigo, y sepas que el mismo poder que levantó a Cristo de entre los muertos obra para ti (Ef 1.18–20).

LA ORACIÓN DE HOY

Señor Jesús, gracias por ser el Dios de los nuevos comienzos, de la nueva vida y del nuevo futuro. Yo declaro que mi confianza está en ti, el Cordero que fue sacrificado por mí. Declaro que al participar hoy de la Santa Cena estoy entrando en un nuevo comienzo. Elijo no poner la mirada en las decepciones del pasado. Creo que lo nuevo ha llegado y que mi gran avance está muy cerca. Amén.

Reducción de próstata inflamada, desaparición de múltiples tumores

Hace unos años, a mi padre le diagnosticaron inflamación de próstata. Los médicos sospechaban de cáncer, pero gracias a Dios la biopsia dio negativo. Sin embargo, lo sometieron a un tratamiento para controlar su próstata y tuvo que ir a chequeos regulares, ya que su padre había muerto de cáncer.

A principios de este año, los médicos vieron que su glándula prostática se había agrandado más. También encontraron múltiples tumores en su fémur (el hueso del muslo). Como licenciado en bioingeniería, yo sabía que esto no era una buena señal, pues podía significar que las células cancerosas se habían extendido a la médula ósea.

Los doctores sospechaban eso mismo y querían hacerle un escáner de cuerpo entero. Compartimos los informes de mi padre con mi prima, que es una prestigiosa oncóloga, y ella coincidía con los médicos. El miedo se apoderó de nuestros corazones.

Llevo más de cinco años asistiendo a la Iglesia New Creation, y escucho los sermones del pastor Prince una y otra vez. También he leído los libros del pastor Prince y he estado compartiendo sus enseñanzas con mi familia, que también ve sus sermones en YouTube.

Después de recibir el informe del doctor, llamé por videoconferencia a

> PARTICIPAMOS DE LA SANTA CENA TODAS LAS NOCHES Y PUDIMOS EXPERIMENTAR UNA SENSACIÓN DE PAZ Y ALEGRÍA.

mis padres, y participamos juntos de la Santa Cena. También nos mantuvimos firmes en las promesas de sanidad de Dios. En las semanas siguientes, seguimos tomando la Santa Cena cada noche y pudimos experimentar una sensación de paz y alegría. Mi padre también dejó de tener pensamientos de miedo, y declaramos que, cuando pasara por el escáner, los médicos no encontrarían ningún tumor.

Eso fue justo lo que pasó. Los doctores y mi prima estaban desconcertados por los resultados. Los doctores le pidieron a mi padre que se sometiera a otro escáner y a una biopsia para confirmar que estaba limpio. Gloria a Dios, una vez más, todo decía que mi padre tenía una salud perfecta. Incluso se había reducido el tamaño de su próstata. Todo ello sin ningún tratamiento médico.

¡Alabado sea Dios!

Liam | Singapur

A TU FAVOR, NO EN TU CONTRA

¿Qué, pues, diremos a esto? Si Dios es por nosotros, ¿quién contra nosotros? El que no escatimó ni a su propio Hijo, sino que lo entregó por todos nosotros, ¿cómo no nos dará también con él todas las cosas? ¿Quién acusará a los escogidos de Dios? Dios es el que justifica. ¿Quién es el que condenará? Cristo es el que murió; más aun, el que también resucitó, el que además está a la diestra de Dios, el que también intercede por nosotros [...]. Por lo cual estoy seguro de que ni la muerte, ni la vida, ni ángeles, ni principados, ni potestades, ni lo presente, ni lo por venir, ni lo alto, ni lo profundo, ni ninguna otra cosa creada nos podrá separar del amor de Dios, que es en Cristo Jesús Señor nuestro.

—Romanos 8.31–34, 38–39

CONOCE SU VOLUNTAD

El ladrón no viene sino para hurtar y matar y destruir; yo he venido para que tengan vida, y para que la tengan en abundancia.

—Juan 10.10

He compartido contigo algunas verdades que pido a Dios que estén ardiendo en tu corazón ahora mismo. Pero quizás te preguntes si la enfermedad con la que estás luchando es de alguna manera de Dios. Tal vez pienses que te está castigando por algo que hiciste y que hay una lección que quiere que aprendas.

Si has creído alguna de esas mentiras, has caído presa de Satanás, que es el gran engañador y padre de mentira (Ap 12.9; Jn 8.44). Su *modus operandi* es engañarte, y su estrategia maestra es convencerte de que la enfermedad viene en realidad de Dios. Quiero que tengas la plena certeza de que tu Padre celestial te ama y quiere tu bien. No desea que tu vida se acorte por la enfermedad, y *nunca* es su plan que tú o tus seres queridos sufran alguna enfermedad o dolencia.

Quiero que quede muy claro: hay un enemigo que quiere destruirte. Nuestro Señor Jesús dijo que Satanás ha venido para robar, matar y destruir. Satanás es un homicida (Jn 8.44). Cuando Satanás engañó a Adán y Eva en el jardín del Edén, el pecado entró en el mundo. Pero el hombre no solo perdió su posición de justicia. También perdimos nuestra relación con Dios y la confianza en lo que siente en su corazón por nosotros. Entraron el miedo y la condenación, robándonos nuestra fe y nuestra confianza en un Dios bueno.

Satanás quiere robarte tu salud, tu juventud y tu alegría. Quiere destruir cada sueño que has acariciado y arrancarte del brazo de las personas de tu vida. Quiere matarte porque sabe que hay un llamado y un propósito en tu vida que solo tú puedes cumplir, y busca todas las formas de acabar contigo.

Cada vez que veas que te roban a ti o a tus seres queridos, ya sea salud, finanzas o relaciones familiares, Dios *nunca* está detrás de eso. El hombre fue creado para disfrutar de todo lo que Dios ha proporcionado, y eso incluye la salud. Nuestro Señor Jesús dijo: «Yo he venido para que tengan vida, y para que la tengan en abundancia». Cuando dijo esto, no se refería simplemente a la vida biológica. La palabra griega utilizada aquí para *vida* es *zoe*, y se refiere a la forma más alta de vida, la vida que vive Dios.[1] Él no quiere que simplemente sigas respirando. Vino a darte una calidad de vida propia de Dios mismo, una vida que está más allá de la vida humana ordinaria.

¿Puedes ver lo que hay en su corazón para ti? Él desea que vivas una vida larga y satisfactoria llena de su bondad, plenitud y paz. ¡Esa es su voluntad para *ti*!

EL PENSAMIENTO DE HOY

Lo que Dios tiene en su corazón para ti se encuentra en su promesa: «Lo saciaré de larga vida, y le mostraré mi salvación» (Sal 91.16). La palabra hebrea para *salvación* es aquí *yeshúa*,[2] y ese es el nombre de Jesús. Dios te satisfará con una vida larga y plena en la que caminarás con todas las bendiciones de salud, plenitud y provisión que tienes en Cristo. Sean cuales sean tus circunstancias aparentes, mantente firme en sus promesas.

LA ORACIÓN DE HOY

Señor Jesús, gracias por haber venido para que yo tuviera vida, y para que la tuviera en abundancia. Gracias por haber derrotado a Satanás en la cruz. Tu obra consumada me ha devuelto todo lo que se perdió en la caída. Creo que tu voluntad es darme una vida extensa y satisfactoria llena de bendiciones de salud, integridad y provisión, y yo las recibo ahora por fe. Amén.

EL CORAZÓN DE DIOS, REVELADO

El que me ha visto a mí, ha visto al Padre.

—Juan 14.9

¿**C**ómo sabes que es la voluntad de Dios sanarte? Simplemente mira lo que Jesús hizo durante su ministerio terrenal. Cuando miramos a Jesús, vemos lo que hay en el corazón de nuestro Padre celestial por nosotros, porque Jesús dijo que el que lo ha visto a él ha visto al Padre.

A lo largo de los Evangelios, ¿qué vemos hacer a Jesús sin cesar?

Y recorrió Jesús toda Galilea, enseñando en las sinagogas de ellos, y predicando el evangelio del reino, y sanando toda enfermedad y toda dolencia en el pueblo. Y se difundió su fama por toda Siria; y le trajeron todos los que tenían dolencias, los afligidos por diversas enfermedades y tormentos, los endemoniados, lunáticos y paralíticos; y los sanó. (Mt 4.23–24)

Y se le acercó mucha gente que traía consigo a cojos, ciegos, mudos, mancos, y otros muchos enfermos; y los pusieron a los pies de Jesús, y los sanó. (Mt 15.30)

Al ponerse el sol, todos los que tenían enfermos de diversas enfermedades los traían a él; y él, poniendo las manos sobre cada uno de ellos, los sanaba. (Lc 4.40)

Una y otra vez, la Biblia narra cómo nuestro Señor Jesús «anduvo haciendo bienes y *sanando a todos* los oprimidos por el diablo» (Hch 10.38). Hacía que los cojos anduvieran y los ciegos vieran. Abría los oídos sordos. Limpiaba a los leprosos. Incluso resucitaba muertos.

¿Y sabes qué dijo nuestro Señor Jesús sobre todo lo que hacía? Esto es lo que dijo: «Las palabras que yo les comunico, no las hablo como cosa mía, sino que es el Padre, que está en mí, el que realiza sus obras» (Jn 14.10, NVI).

Jesús dijo que era *el Padre* quien hacía (a través de él) maravillosos milagros de sanidad por donde iba. ¿Ves cómo es el verdadero deseo de tu Padre celestial que seas completamente sanado de toda enfermedad?

———

EL PENSAMIENTO DE HOY

Busca en las Escrituras y *nunca* verás a Jesús pasando por un pueblo y diciéndole a alguien en la calle: «Ven aquí. Estás demasiado sano. Toma algo de lepra». Nunca verás a Jesús diciendo: «Mi Padre te está castigando, por eso estás enfermo». ¿Sabes por qué? Porque eso no está en el corazón de Dios. Él *no* da enfermedades y dolencias. Si tienes un problema de salud, puedes estar seguro de esto: *¡Dios quiere que estés bien!*

LA ORACIÓN DE HOY

Padre, gracias porque Jesús refleja perfectamente tu corazón en cada palabra que dijo y en cada sanidad y liberación que realizó. Gracias por mostrarme hasta qué punto me quieres libre de enfermedades en cada parte de mi cuerpo. Creo y declaro que es tu deseo que yo sea completamente sanado de toda enfermedad y que puedo esperar confiadamente que recibiré la sanidad que necesito. En el nombre de Jesús, amén.

SOLO BUENAS DÁDIVAS

Pues si vosotros, siendo malos, sabéis dar buenas dádivas a vuestros hijos, ¿cuánto más vuestro Padre que está en los cielos dará buenas cosas a los que le pidan?

—*Mateo 7.11*

Como padre, siempre me duele ver enfermos a mis hijos. Mi primogénita, Jessica, ya es mayor, pero recuerdo que me rompía el corazón verla llorar cuando era una bebé y tenía una fiebre vírica. Recuerdo que la acunaba en mis brazos y oraba por ella dando paseos por su cuarto toda la noche. Le limpiaba su cuerpo enfebrecido una y otra vez con una esponja. Mientras ella estaba enferma, yo no podía descansar. Odiaba la fiebre que hacía que mi bebé tuviera convulsiones de dolor. Habría hecho lo que fuera para aliviar su malestar. Si pudiera haberle quitado la fiebre y pasármela a mi cuerpo para que ella no tuviera que sufrir ese dolor, lo habría hecho de buena gana.

Lo que siento cuando mis hijos están enfermos es solo un reflejo diminuto de lo que nuestro Padre celestial siente por nosotros cuando estamos enfermos. Él quiere que rebosemos de salud y vida. Dios odia las enfermedades por lo que nos hacen. Pero la diferencia es esta: Dios pudo tomar nuestras enfermedades y ponerlas en el cuerpo de Jesús mientras colgaba de la cruz, para que nosotros no tuviéramos que padecerlas. La Biblia nos dice: «Él mismo tomó nuestras enfermedades, y llevó nuestras dolencias» (Mt 8.17).

¿Por qué hizo eso nuestro Señor Jesús? Porque nos ama mucho. No podía descansar hasta haber asegurado nuestra salvación, nuestra salud y nuestra plenitud. Por fin, cuando había cargado todo pecado, enfermedad y dolencia sobre su cuerpo, gritó: «¡Consumado es!» (Jn 19.30) y descansó.

La Biblia nos lo enseña con claridad: Dios es un Dios bueno. Él es nuestro Padre celestial que nos ama. Por eso no puedo entender por qué hay quienes enseñan que Dios a veces usa la enfermedad para enseñarnos una lección o que necesitamos «orar mucho» para sanarla. ¿Puedes imaginarte a un padre cualquiera infligiendo sufrimiento a su propio hijo? ¿Acaso tienen que convencerte para aliviar el dolor de tu hijo? Incluso hay personas que afirman que a veces es la voluntad de Dios que estemos enfermos. Pero, cuando sus propios hijos se enferman, hacen todo lo que está a su alcance para asegurar su recuperación. Si realmente fuera la voluntad de Dios que estuviéramos enfermos, ¡procurar la recuperación sería tratar de salirnos de la voluntad de Dios!

Amigo mío, rechaza todo aquello que sugiera, aunque sea remotamente, que Dios usa la enfermedad y el sufrimiento para enseñarnos algo. ¡Nuestro Padre está lleno de gracia y misericordia y quiere que tengamos salud, provisión y protección de todo mal, enfermedad y dolencia!

EL PENSAMIENTO DE HOY

Si los padres terrenales e imperfectos quieren lo mejor para sus hijos, ¿cuánto más nuestro Padre celestial? Nos quiere fuertes, bien, y disfrutando de la vida. Nuestro Señor Jesús dijo que, si los padres terrenales saben dar buenas dádivas a sus hijos, cuánto más lo hará nuestro Padre celestial (Mt 7.11). Lee este pasaje una y otra vez y abre tu corazón a lo que dice sobre su amor hacia ti. Recibe su abundante dádiva de sanidad.

LA ORACIÓN DE HOY

Abba, Padre, gracias por ser mi Papá Dios, y por dar solo buenas dádivas a tus hijos. Gracias por recordarme que aborreces las enfermedades y dolencias, y que las pusiste todas en el cuerpo de Jesús cuando estaba en la cruz, para que yo no tuviera que padecerlas. Puesto que la obra terminada de Jesús ha garantizado mi salud, espero que tu sanidad se manifieste en mi cuerpo. Amén.

ÉL TE DA GRATUITAMENTE

El que no escatimó ni a su propio Hijo, sino que lo entregó
por todos nosotros, ¿cómo no nos dará también con él todas
las cosas?

—*Romanos 8.32*

Isaías 53.5 nos dice que por las heridas de Jesús somos sanados. Cada laceración que sufrió cuando fue azotado era para nuestra sanidad. Y estuvo dispuesto a permitir que, latigazo tras latigazo, su cuerpo se desgarrara para que tú y yo pudiéramos estar bien. Nunca creas la mentira del enemigo de que Dios te quiere enfermo o de que no está dispuesto a curarte. En la cruz, nuestro Señor Jesús demostró de una vez por todas que desea tu bien.

La Biblia incluso nos dice que «formaba parte del buen plan del Señor aplastarlo» (Is 53.10, NTV). Yo solía preguntarme cómo pudo haber planeado el Señor aplastar a su propio Hijo. Entonces, un día, el Señor me lo mostró.

Mi esposa, Wendy, y yo habíamos ido a un centro comercial y el estacionamiento más cercano que encontramos estaba bastante lejos. Hicimos muchas compras ese día y, antes de darnos cuenta, teníamos las manos llenas de bolsas. Para entonces, mi Jessica, que era un querubín de dos añitos, estaba cansada y quería que la llevaran en brazos. La cargué con un brazo, y estaba tan agotada que se durmió en mi hombro casi de inmediato.

Mientras caminábamos hacia el coche, sentí que se me dormía el brazo y me di cuenta de que el auto estaba mucho más lejos de lo que pensaba. Sentí como si un millón de alfileres y agujas estuvieran perforando mi brazo, y sabía que podía detener ese agudo dolor simplemente bajando a Jessica y haciéndola andar el resto del camino. Pero ella estaba durmiendo tan profundamente que no podía soportar la idea de bajarla. La amaba tanto que estaba dispuesto a «aplastar» mi brazo para que mi pequeña pudiera seguir durmiendo.

De repente empecé a entender cómo podía estar en el buen plan de Dios aplastar a Jesús, que se describe en el mismo capítulo como «el brazo de Jehová» (Is 53.1). El Señor vio bien aplastar a su único Hijo por su gran amor por ti y por mí. Era la única manera en que Dios podía salvarnos del pecado y la enfermedad, y eligió voluntariamente entregar a su Hijo.

Hoy puedes tener la seguridad de que Dios quiere sanarte. La Biblia nos dice: «El que no escatimó ni a su propio Hijo, sino que lo entregó por todos nosotros, ¿cómo no nos dará también con él todas las cosas?».

Dios ya nos dio lo mejor del cielo cuando nos dio a su querido Jesús. ¿Qué son nuestras necesidades temporales cuando ya nos ha dado un regalo que es eterno? Sean cuales sean tus necesidades, ya sean de provisión financiera o de sanidad para tu cuerpo, todas son minucias comparadas con el don de su Hijo. ¿Cómo no va a dártelas también gratuitamente?

———

EL PENSAMIENTO DE HOY

Si Dios no escatimó a su propio Hijo, seguro que no te negará su poder de sanidad. De hecho, ya ha pagado el precio de tu sanidad. Sea lo que sea lo que necesites en tu vida, tu Padre ya te ha dado todas las cosas a través de Jesús. A ti te corresponde seguir creyendo y confiando hasta que veas la plena manifestación de tu sanidad.

LA ORACIÓN DE HOY

Padre, gracias porque elegiste voluntariamente no escatimar a tu Hijo amado por tu gran amor a mí. Gracias porque me diste lo mejor del cielo cuando Jesús fue aplastado para salvarme del pecado y la enfermedad. El precio está pagado y hoy ya tengo la sanidad. Creo y confío en ti, en que me manifestarás plenamente tu salud y tu plenitud. En el nombre de Jesús, amén.

SU PERFECTA VOLUNTAD, SU ÚLTIMA PALABRA

Padre nuestro que estás en los cielos, santificado sea tu nombre. Venga tu reino. Hágase tu voluntad, como en el cielo, así también en la tierra.

—Mateo 6.9–10

Quiero compartir contigo un precioso testimonio de Caleb, un padre de Texas que le escribió a mi equipo:

> *A mi hijo menor le diagnosticaron escoliosis. Su radiografía revelaba una curva de diecisiete grados en su columna. Al recibir la noticia, el miedo, la duda, la ira, la tristeza, la preocupación y el sentimiento de condena comenzaron a instalarse en nuestros corazones. También nos preocupaban las posibles discapacidades y cirugías en su futuro.*
>
> *Como pastor, me encontré luchando con mis creencias cristianas. Sin embargo, pude sentir el amoroso abrazo del Señor y la paz mientras oraba por mi hijo. Mi iglesia también oró por él, y creímos que el Señor podía y quería sanarlo.*
>
> *El doctor lo remitió a un hospital pediátrico y concertó una cita. Por fe, decidimos ir a la cita para confirmar que la sanidad ya había comenzado. A pesar de que la duda, el sentimiento de condena y el miedo habían entrado en nuestros corazones, seguimos*

declarando la obra consumada de la cruz y seguimos tomando la
Santa Cena.

Durante la cita, la doctora examinó a mi hijo y le hizo más
radiografías. Luego dijo: «¡Tengo buenas noticias para ustedes!» y
nos mostró la radiografía, donde ya no había rastros de escoliosis.
La columna vertebral de nuestro hijo se había enderezado. ¡El Señor
lo había curado! ¡Hay victoria y poder en la cruz!

Ahora entregamos una copia del libro del pastor Prince El
poder de creer correctamente *a todos los nuevos miembros de*
nuestra iglesia. Creemos que cuando nos llenamos con la buena
noticia del evangelio suceden milagros.

Realmente me identifiqué con el dolor de Caleb cuando describió los
sentimientos que tuvo al escuchar que a su hijo le diagnosticaron un trastorno que podría causarle una discapacidad permanente. Todos los padres
quieren que sus hijos estén bien y disfruten de una vida de calidad, y eso
es también lo que nuestro Padre celestial quiere para nosotros.

A pesar de sus temores e incertidumbres, Caleb hizo lo mejor posible
por su hijo. Siguió declarando la obra consumada de la cruz, y siguió
tomando la Santa Cena. Y así, sin que sucediera nada espectacular, sin
ninguna voz que saliera del cielo, y sin ninguna demostración de poder
que sacudiera la tierra, su hijo fue sanado. ¿A ti también te preocupa algún
problema de salud hoy? ¡Oro para que, haciendo lo mismo que Caleb, tú
también veas manifestarse para ti la sanidad sobrenatural de Dios!

EL PENSAMIENTO DE HOY

Si te han dicho que morirás joven o que no te queda mucho
tiempo de vida, quiero que sepas que no tienes que aceptar el
diagnóstico. Gracias a Dios por los médicos que han dedicado
sus vidas a aliviar el dolor y el sufrimiento, pero, con el debido

respeto, los médicos no tienen la última palabra en nuestra vida, la tiene el Dios todopoderoso. Él es el Alfa y la Omega, el primero y el último (Ap 22.13). Él puede anular cualquier diagnóstico negativo, cualquier informe mortal.

LA ORACIÓN DE HOY

Padre en el cielo, gracias porque, sea cual sea el diagnóstico que me hayan dado, no tengo que temer. Tú tienes la última palabra, y tu Palabra declara que tu voluntad para mí es la sanidad y que por las heridas de Jesús estoy sanado. No dejaré de declarar la obra consumada de la cruz, y seguiré tomando la Santa Cena. Creo que ahora mismo tu poder sanador está obrando en mi cuerpo. Amén.

ESTEMOS ARRAIGADOS EN SU AMOR

... a fin de que, arraigados y cimentados en amor, seáis plenamente capaces de comprender con todos los santos cuál sea la anchura, la longitud, la profundidad y la altura, y de conocer el amor de Cristo, que excede a todo conocimiento.

—Efesios 3.17–19

Amigo mío, si has recibido un diagnóstico negativo, es natural que tengas miedo. Observa que, en el testimonio de ayer, Caleb sintió miedo, duda, ira, tristeza, preocupación y condena, e incluso tuvo «luchas con sus creencias cristianas». El Señor no espera que nunca seas sacudido. Pero, en medio de tu torbellino de emociones, mantén tus ojos en Jesús y, como Caleb, sigue declarando su obra consumada sobre tu situación.

Tal vez ahora mismo estés enojado con Dios por permitir que arraigue una enfermedad en el cuerpo de un ser querido. Tal vez te sientes impotente porque te parece que estás al margen y no hay nada que puedas hacer para aliviar el sufrimiento. O quizás estás tú mismo confinado a una cama de hospital, aterrorizado. Cada vez que te llevan a hacerte otra exploración, no sabes lo que los médicos encontrarán y clamas: «Dios, ¿por qué me está pasando esto? ¿Dónde estás?».

Cuando contemplas los síntomas en tu cuerpo o en el de tu ser querido, cuando parece que has orado con todo tu corazón y aun así la enfermedad sigue, sé que es difícil creer que Dios puede sanar. O tal vez crees que puede, pero dudas que quiera hacerlo. Quizás has perdido la esperanza porque piensas que, si quisiera curarte a ti o a tu ser querido, ya lo habría hecho.

Si así es como te sientes ahora, te animo a que *te alimentes de su amor por ti*. Las dudas pueden estar gritando tan fuerte en tu mente que incluso te resulta difícil seguir creyendo en él. Pero le pido a Dios que puedas tener una nueva visión de la anchura y longitud y profundidad y altura del amor de tu Salvador por ti (Ef 3.18–19). Oro para que, aunque tu mente no pueda entenderlo, tu corazón se arraigue y se cimente en su amor por ti. Cuando estés tan cimentado en su amor, lo verás obrar mucho más abundantemente de lo que pides o entiendes (Ef 3.20).

No permitas que el enemigo zarandee tu fe. No permitas que el enemigo te venda más mentiras. Es un enemigo derrotado y, cualquier mal que haya querido hacerte, Dios lo cambiará para tu bien y para su gloria. La Palabra de Dios declara que «*ninguna arma forjada contra ti prosperará*» (Is 54.17). Aunque el enemigo haya forjado alguna arma de enfermedad contra ti, tú cree que no tiene poder para prosperar y prevalecer contra ti.

EL PENSAMIENTO DE HOY

Tienes un Padre celestial que te ama tanto que entregó a su propio Hijo por ti. El diablo quiere que te desilusiones y te alejes de Dios, pero, amigo mío, *ahora* más que nunca es el momento de volverte hacia él. ¡Ahora es el momento de asumir tu autoridad como hijo del Dios Altísimo y reclamar todas las promesas de salud y larga vida que Jesús te dio con su muerte!

LA ORACIÓN DE HOY

Señor Jesús, gracias por amarme de una manera tan incondicional. Apelo a tu promesa inquebrantable de que ninguna arma de enfermedad forjada contra mí prosperará. Gracias porque nada de lo que el enemigo traiga contra mí, ya sea enfermedad, miedo u opresión de cualquier tipo, tiene poder sobre mi vida. Mis ojos están en ti, Jesús, y seguiré declarando y descansando en tu obra consumada. Amén.

NO HAY LUGAR PARA EL TEMOR

El que habita al abrigo del Altísimo
Morará bajo la sombra del Omnipotente.
Diré yo a Jehová: Esperanza mía, y castillo mío;
Mi Dios, en quien confiaré.
Él te librará del lazo del cazador,
De la peste destructora.
Con sus plumas te cubrirá,
Y debajo de sus alas estarás seguro;
Escudo y adarga es su verdad.
No temerás el terror nocturno,
Ni saeta que vuele de día,
Ni pestilencia que ande en oscuridad,
Ni mortandad que en medio del día destruya.
—Salmos 91.1–6

DÍA 30
CÉNTRATE EN SUS PROMESAS

*Porque no nos ha dado Dios espíritu de cobardía, sino de
poder, de amor y de dominio propio.*

—2 Timoteo 1.7

A lo largo de los años, ministrando a personas preciosas, he visto cómo
puede entrar el miedo cuando a alguien se le diagnostica una enfermedad o cuando los seres queridos desarrollan enfermedades graves. Si
conoces a alguien que esté experimentando esto, puedes animarlo con
la promesa del versículo anterior. Gracias a lo que Jesús hizo en la cruz,
no tenemos que seguir estando aprensivos, sino que podemos confiar
en que el Señor nos lleve a un punto en que no haya sitio para el miedo
en nuestro corazón, seguros de que su perfecto amor echa fuera todo
temor (1 Jn 4.18).

Entiendo que descubrir que tú o tu ser querido tienen una enfermedad puede asustarte. Quizás acabas de descubrir en tu cuerpo un bulto
que antes no tenías, o ya no puedes ignorar los síntomas preocupantes
como el dolor constante que no quiere cesar. Quizás ya te han dado
un diagnóstico y es peor de lo que habías imaginado. Ahora te sientes
como si no pudieras respirar, e intentas no entrar en pánico, pero es
muy difícil.

El miedo puede aplastarte como un tsunami. Puede paralizarte.
Puede ponerte furioso. Enojado con la vida. Con Dios. Con todos. Es
probable que sepas exactamente lo que quiero decir. Si es así, ¿puedo
pedirte que sigas leyendo? Creo que el Señor tiene una palabra para ti.

El tumor, la máquina de diálisis y la vía de alimentación son reales. Pero es muy importante que sepas esto: el poder de Dios es aún *más* real.

El enemigo quiere que te concentres en la enfermedad, en el devastador informe médico, en el incesante zumbido de los monitores de tu alrededor y en el olor aséptico de la habitación del hospital. Quiere que estés totalmente obsesionado con los miedos y preguntas que siguen gritando en tu mente, de tal manera que estés cegado a la verdad de lo que Dios ha hecho. Mientras todo lo que puedes ver sea tu dolor, tu miedo, tu decepción y tu sufrimiento, él juega con ventaja.

¿Y sabes por qué el enemigo está empeñado en mantenerte absorto en el problema que estás enfrentando? Porque teme que veas que él ya ha sido derrotado. La Biblia nos dice que, en la cruz, nuestro Señor Jesús despojó a todos los principados y potestades, los exhibió públicamente y triunfó sobre ellos (Col 2.15). El enemigo ha sido desarmado. Ha sido despojado de sus armas (esto incluye todo tipo de enfermedades y dolencias) contra ti. ¡No tienes que tenerle miedo, hijo del Altísimo!

———

EL PENSAMIENTO DE HOY

El diablo seguirá intentando engañarte y distraerte de la verdad de su derrota. Seguirá intentando que te concentres en lo temporal, en las cosas visibles de tu alrededor. No quiere que veas las cosas que son eternas, como los ángeles que tienen órdenes de vigilarte y guardarte en todos tus caminos (Sal 91.11); como la Palabra de Dios que nunca pasará (Mt 24.35) y declara que por sus heridas *has sido sanado* (Is 53.5). Amigo mío, mira a la cruz de Jesús. El diablo ha sido desarmado. Ya no hay lugar para el temor en tu corazón. ¡Aleluya!

LA ORACIÓN DE HOY

Señor Jesús, te agradezco que, gracias a que tú desarmaste a todos los principados y potestades, despojaste al enemigo de sus armas y triunfaste sobre ellos en la cruz, no tengo que temer ninguna enfermedad o dolencia. Gracias por darme un espíritu de poder, de amor y de dominio propio. Gracias por echar fuera todo temor cuando medito en tus promesas y tu perfecto amor por mí. Amén.

MÁS CONTIGO QUE CONTRA TI

Hijitos, vosotros sois de Dios, y los habéis vencido; porque mayor es el que está en vosotros, que el que está en el mundo.

—1 Juan 4.4

Cuando tú o un ser querido se enfrentan a un terrible problema de salud, las preguntas sin respuesta pueden a menudo abrumar su mente. *¿Qué vamos a hacer? ¿Cuánto tiempo me queda? ¿Quién cuidará de mis hijos? ¿Cómo voy a pagar el tratamiento? ¿Seré alguna vez el mismo? ¿Por qué a mí? ¿Qué* puedes hacer cuando has perdido el control de tus pensamientos y solo puedes imaginar que lo peor está por venir?

La Biblia cuenta para animarnos este relato de 2 Reyes 6. Los enemigos de Israel estaban tan desesperados por capturar al profeta Eliseo que de noche enviaron un gran ejército con caballos y carros de noche que rodeó la ciudad donde estaba Eliseo. Cuando el siervo de Eliseo se despertó, se desesperó y exclamó: «¿Qué haremos?».

Permíteme invitarte a leer lo que pasó después:

Él [Eliseo] le dijo: No tengas miedo, porque más son los que están con nosotros que los que están con ellos. *Y oró Eliseo, y dijo: Te ruego, oh Jehová, que abras sus ojos para que vea. Entonces Jehová abrió los ojos del criado, y miró; y he aquí que el monte estaba lleno de gente de a caballo, y de carros de fuego alrededor de Eliseo. (2 R 6.16–17)*

Quizás se parezca a lo que es un ejército de síntomas, diagnósticos negativos o incluso la deuda financiera que te ha rodeado. Pero, amado, no temas, porque los que están *contigo son muchos más* que los que están con ellos.

En este momento, ruego al Señor que abra tus ojos para que puedas ver las legiones de ángeles que tienes a tu alrededor. Aparta los ojos de tus enemigos. La capacidad de tus enemigos para herirte no es *nada* comparada con la grandeza de tu Dios y su poder para salvarte. Aparta tus ojos del enemigo para poder ver la grandeza del poder de Dios para contigo. El mismo poder que levantó a nuestro Señor Jesús de la tumba, el mismo poder que lo sentó a la diestra de Dios en los lugares celestiales, muy por encima de todo principado, autoridad, poder y señorío, y de todo nombre que se nombra, no solo en este siglo, sino también en el venidero (Ef 1.19–21) ¡es el poder que está obrando por ti y por tu ser querido!

¿El virus del papiloma humano es un nombre? ¿La meningitis bacteriana es un nombre? ¿La enfermedad de Parkinson es un nombre? Entonces tienes que someterlos a Jesús, que está sentado a la diestra del Padre, muy por encima de las enfermedades. Y, puesto que estás en Cristo, como él es, así eres tú en este mundo (1 Jn 4.17).

———

EL PENSAMIENTO DE HOY

Probablemente no veas hoy ángeles físicamente, pero oro para que sepas que el ejército de ángeles del Señor está contigo, ministrándote protección y sanidad (Heb 1.14). Cuando el enemigo trata de mantener tu mirada fija en tus síntomas y tu dolor, tú elige ver a tu amado Salvador contigo y peleando esta batalla *por ti*. ¡Nuestra confianza no está en lo que vemos en lo natural, sino en la grandiosidad de su poder, que obra de manera sobrenatural en y para nosotros!

LA ORACIÓN DE HOY

Padre, abre mis ojos para que pueda ver a tus ángeles rodeándome por todos lados. Declaro que los que están conmigo son más que los que están contra mí. Gracias porque [di aquí el nombre de la enfermedad] tiene que rendirse ante el poderoso nombre de Jesús. Creo que, como está Cristo sentado a tu diestra, muy por encima de toda enfermedad y dolencia, así estoy yo en este mundo porque estoy en él. Ninguna enfermedad puede prevalecer ni prevalecerá contra mí. En el poderoso nombre de Jesús, amén.

DÍA 32

ECHA FUERA EL TEMOR

Conservaos en el amor de Dios.

—Judas 1.21

Mientras esperas el veredicto del doctor sobre la naturaleza de las células que vio en tu exploración, o mientras miras la masa oscura de tu radiografía, no puedes evitar una gran inquietud. Intentas decirte que no tengas miedo, pero parece que no puedes dejar de temer. ¿Sabes por qué? Porque tu salida del miedo no es algo que puedas razonar. El miedo no es lógico.

La única manera de sacar el miedo de tu vida es echarlo fuera, y la Biblia nos dice cómo:

En el amor no hay temor, sino que el perfecto amor echa fuera el temor; porque el temor lleva en sí castigo. (1 Jn 4.18)

Exponiéndote al perfecto amor de Dios, echas fuera el temor. Sigue permitiendo que su amor te inunde y expulse todo temor. La Biblia habla de mantenernos en el amor de Dios. En lugar de centrarte en el dolor de tu cuerpo o en la enfermedad que hace sufrir a tu ser querido, mantente en su amor. Pon tu mente en el infalible, inagotable y perfecto amor de tu Padre celestial.

Tienes un Dios que te ama tanto que dio a su Hijo para que muriera en la cruz por ti. Por eso, amigo mío, puedes siempre tener la absoluta seguridad de que él te ama. La Biblia define así su amor por nosotros:

Dios mostró cuánto nos ama al enviar a su único Hijo al mundo,
para que tengamos vida eterna por medio de él. En esto consiste el
amor verdadero: no en que nosotros hayamos amado a Dios, sino
en que él nos amó a nosotros y envió a su Hijo como sacrificio para
quitar nuestros pecados. (1 Jn 4.9–10, NTV)

La cruz es la prueba eterna del amor de Dios por ti. La cruz es la medida de cuánto te ama. Nunca juzgues su amor basándote en tus circunstancias. El diablo puede atacar tus circunstancias, pero nunca puede atacar la cruz. Aparta los ojos de tus circunstancias y ponlos en la cruz. ¡Ahí es donde se mostró de una vez para siempre el amor de Dios por ti!

———

EL PENSAMIENTO DE HOY

No importa cuán oscuras y terribles sean tus circunstancias actuales, debes saber que el amor perfecto del Padre por ti es mayor. Sigue permitiendo que su amor te inunde y expulse todo temor. Al meditar en el infalible e inagotable amor por ti que él demostró en la cruz, él cambiará tus circunstancias para tu bien. Que tu corazón encuentre descanso y paz en la seguridad de su amor.

LA ORACIÓN DE HOY

Padre, gracias por mostrarme tu perfecto amor que revelaste al entregar a tu Hijo amado para morir en la cruz por mí. Gracias porque tu amor es sólido como una roca y no depende de mis circunstancias. Pongo mi corazón y mi mente en tu infalible, inagotable y perfecto amor para echar fuera todo temor. Amén.

PERMANECE EN SU PERFECTO AMOR

Porque has puesto a Jehová, que es mi esperanza,
al Altísimo por tu habitación,
no te sobrevendrá mal,
ni plaga tocará tu morada.

—*Salmos 91.9–10*

Sé que puede ser muy difícil sentir el amor de Dios por ti cuando te enfrentas a múltiples síntomas físicos, a deudas médicas crecientes y a inquietudes por tu futuro. Vivimos en un mundo en que nos gobiernan nuestros cinco sentidos, y la verdad es que a veces es difícil creer en el amor de alguien a quien no podemos ver, tocar ni oír. Pero no podemos depender de los sentimientos y las circunstancias externas (que pueden cambiar) para estar seguros del amor de Dios por nosotros. Es muy importante que fijemos nuestros ojos en nuestro Señor Jesús, cuyo amor por nosotros es perfecto, inmutable e infalible.

¿Me permites compartir contigo, hoy y en los dos días siguientes, algunas de las cosas que puedes hacer y que creo que te ayudarán a mantenerte en su amor?

En lugar de permitir que el enemigo te alimente con mentiras que te atemoricen, sigue escuchando mensajes que te mantengan en la consciencia del amor de Dios por ti. Abraza su amor para echar fuera todo temor. Cada vez que el enemigo intente atacarte con temor, conéctate con un sermón que magnifique la bondad del Señor y su amor por ti. En lugar de ceder a los ardides del enemigo, sigue escuchando sermones sobre la obra consumada de Jesús.

En lugar de leer artículos en Internet sobre lo grave que puede llegar a ser tu enfermedad, o de releer tu diagnóstico una y otra vez, lee textos de alabanza sobre el amor y la fidelidad del Señor.[1] Lee pasajes bíblicos sobre su amor y sus promesas de sanidad. Refúgiate en la Palabra de Dios y mantente en su amor.

La Biblia nos dice: «Y nosotros hemos *conocido* y creído el amor que Dios tiene para con nosotros. Dios es amor, y *el que permanece en el amor, permanece en Dios*, y Dios en él» (1 Jn 4.16). No basta con saber versículos *sobre* su amor. Sigue meditando en ellos hasta que *creas* que él te ama. Cuando nos mantenemos conscientes del amor de Dios por nosotros, estamos permaneciendo en Dios. En otras palabras, lo convertimos en nuestra morada. Hay un gran poder en que el Señor sea tu morada, estás en un lugar de seguridad y protección.

Lee Salmos 91 y declara sobre ti mismo que no te sobrevendrá ningún mal ni ninguna plaga tocará tu morada. Cuando permaneces en él, el Dios Todopoderoso se convierte en tu refugio y fortaleza. No importa cuánta gente haya muerto por la enfermedad que te han diagnosticado. Caerán a tu lado mil, y diez mil a tu diestra; mas a ti no llegará (Sal 91.7). Y, aunque ya te encuentres en problemas, el Señor está contigo y te librará.

————

EL PENSAMIENTO DE HOY

Sea lo que sea a lo que te enfrentes, puedes hacer del Señor tu morada. Cuanto más permanezcas en su amor, más será Dios tu refugio y tu fortaleza. Hay seguridad y protección cuando te acercas a él y vives en su dulce presencia, en su amor y en su Palabra. El miedo desaparecerá cuando medites en cómo Dios está contigo incluso en el día de tus tribulaciones, fortaleciéndote y liberándote.

LA ORACIÓN DE HOY

Padre en el cielo, acudo a ti y a la seguridad que me da tu amor por mí. En tu amor están mi morada, mi refugio y mi fortaleza. Gracias por tu dulce presencia, por tu Palabra y por tus promesas. Creo que estás conmigo y me librarás de todo temor y de cualquier cosa que perturbe mi cuerpo y mi salud. Amén.

RECIBE SU PODER SANADOR

Cuando bendecimos la copa en la Mesa del Señor, ¿no participamos en la sangre de Cristo? Y, cuando partimos el pan, ¿no participamos en el cuerpo de Cristo?

—*1 Corintios 10.16*, NTV

En la lectura anterior te conté algunas de las cosas que puedes hacer y que creo que contribuirán a permanecer en el amor de Dios y a echar de tu vida el temor. Este es otro paso importante: siempre que el miedo trate de acercarse sigilosamente a ti, ve a un lugar tranquilo y medita sobre cuánto te ama el Señor a la vez que tomas la Santa Cena.

Tal vez te preguntes: *Si Dios me ama, ¿por qué tengo que orar y participar de la Santa Cena? ¿Qué diferencia hay si no lo hago? Si es su voluntad sanarme, ¿por qué no soy sanado automáticamente?*

Permíteme responder primero a la pregunta de por qué no eres sanado automáticamente. Amigo mío, sabemos que es la voluntad de Dios que todos reciban la salvación, que reciban el regalo de la vida eterna que fue ofrecido gratuitamente al mundo (Jn 3.16). Pero todos tenemos la opción de aceptar o rechazar lo que Dios ofrece. Nadie se salva «automáticamente». Dios es un caballero, y no forzará a nadie a aceptar su salvación. No nos forzará a aceptar sus dones o bendiciones. No nos forzará a aceptar su salud o su bondad para con nosotros.

Entonces, ¿qué diferencia supone la oración y la participación en la Santa Cena? Cuando oramos y participamos de la Santa Cena, estamos liberando nuestra fe para estar en sintonía con la voluntad, la Palabra y el poder de Dios. No le estamos pidiendo que nos cure ni tratando de convencerlo para que sane a nuestros seres queridos, ya sabemos que es su voluntad sanar. La oración tiene que ver con la construcción de una relación íntima con él. Cuando oramos y tomamos la Santa Cena, recibimos su amor por nosotros, y también su poder sanador en nuestro cuerpo. Habla con Dios hoy (eso es la oración) sobre tus problemas de salud, y deja que él imparta en tu corazón la confianza y la seguridad de que él quiere que estés sano.

Así que, cuando el miedo se apodere de tu corazón, retírate a un lugar tranquilo y reposa en el íntimo amor de Jesús por medio de la Santa Cena. Habla con tu Salvador y, al levantar el pan, dile: «Señor Jesús, gracias porque me amaste tanto que permitiste que tu cuerpo fuera partido para que el mío estuviera entero. Ahora mismo, recibo tu plenitud, tu fuerza y tu salud divina». Al levantar la copa, di: «Gracias por tu preciosa sangre, que me ha limpiado de todo pecado. En este momento, puedo venir confiadamente a tu trono de gracia, consciente de que soy completamente justo, ¡y de que mis oraciones sirven de mucho!».

EL PENSAMIENTO DE HOY

Recuerda que, cuando participas de la Santa Cena, estás «proclamando la muerte del Señor» (1 Co 11.26) y recordándoles al diablo y a sus secuaces la humillante derrota que les infligió en la cruz (Col 2.15). Le estás proclamando al enemigo que *no* tiene derecho a poner síntomas o enfermedades en tu cuerpo porque tu Señor Jesús ya cargó con todas las enfermedades y dolores en su propio cuerpo, y te ha hecho apto para su sanidad. ¡Así que tómala confiadamente y recibe la sanidad, la salud y la vida que él te dio tras ir a la cruz!

LA ORACIÓN DE HOY

Gracias, Señor Jesús, porque puedo venir con confianza y participar de todas las bendiciones y del poder sanador de tu cuerpo partido y de tu sangre derramada. Gracias porque tu voluntad es que yo sea sanado y porque ya me has hecho apto para la sanidad y la salud divina. Creo y declaro que la enfermedad no tiene derecho a permanecer en mi cuerpo. Amén.

FIJA TUS OJOS EN JESÚS

Nosotros no podemos oponernos a esa gran multitud que viene a atacarnos. ¡No sabemos qué hacer! ¡En ti hemos puesto nuestra esperanza!

—*2 Crónicas 20.12*, NVI

En las últimas dos lecturas he compartido contigo algunas de las cosas que puedes hacer para permanecer en el amor de Dios. Le pido a Dios que estas poderosas verdades empiecen a ayudarte a ver cómo puedes echar de tu vida el temor y mantenerlo fuera. Aquí te presento otra preciosa verdad que guardará tu corazón y tu mente de las mentiras del enemigo.

Dedica tiempo a adorar al Señor, *en especial* cuando sientas que las probabilidades están en tu contra. Haz lo que hizo el rey Josafat cuando sus enemigos se juntaron y reunieron un gran ejército para destruir Israel. Según la lógica, Josafat sabía que Israel no tenía posibilidad de ganar la batalla. Pero eligió hacer algo que tú y yo debemos aprender cuando nos asedian nuestros enemigos. Clamó al Señor, diciendo: «*¡No sabemos qué hacer! ¡En ti hemos puesto nuestra esperanza!*» (2 Cr 20.12, NVI). Josafat no puso comandos militares, sino adoradores, a la cabeza de su ejército, y esto es lo que cantaron: «Den gracias al SEÑOR; su gran amor perdura para siempre» (2 Cr 20.21, NVI).

En lugar de desesperarse por sus enemigos, decidieron fijar sus ojos en el Señor, dándole gracias y cantando de su amor. Esto sucedió mucho antes de la cruz de Jesús. ¡Cuánto más podemos tú y yo cantar de su gran amor que nunca falla, que perdura para siempre!

¿Y sabes lo que pasó? El Señor derrotó a los enemigos de Israel volviéndolos unos contra otros, y las tropas de Josafat no tuvieron que mover ni un dedo para luchar. Más bien, cuando aparecieron en el campo de batalla previsto, sus enemigos ya estaban muertos, y al final lo único que hicieron fue recoger su botín de equipamientos, ropas y objetos de valor.

En el nombre de Jesús, que así te suceda a ti también. Cuando estés abrumado por los problemas y no sepas qué hacer o ni siquiera cómo sentirte, clama al Señor y dile: «Señor, no sé qué hacer, pero en ti he puesto mi esperanza». Esa es la postura más poderosa que puedes adoptar, con los ojos puestos no en tus enemigos, sino en tu Salvador. Mientras pones tu mirada en su amor que perdura para siempre, el Señor mismo peleará tu batalla por ti (2 Cr 20.15). ¡Quiera Dios que estés tan consciente de su perfecto amor que todo temor sea echado fuera de tu vida, y que salgas mucho más fuerte de lo que eras antes de que tus enemigos intentaran ir contra ti!

EL PENSAMIENTO DE HOY

Querido amigo, nuestro Señor Jesús nos dice: «Pues aun los cabellos de vuestra cabeza están todos contados. No temáis, pues» (Lc 12.7). Tu Papá Dios te ama muchísimo y se preocupa por cada detalle de tu vida. No hay nada que le parezca demasiado grande o demasiado pequeño. Si te importa a ti, le importa a él. Cada vez que tengas miedo, fija tus ojos en él y en su amor, y observa cómo él pelea tus batallas.

LA ORACIÓN DE HOY

Padre, gracias por tu gran amor por mí. Te entrego a ti todo lo que me preocupa hoy. Te entrego todos mis temores. Elijo fijar mis ojos en ti, darte gracias y cantar de tu amor que permanece para siempre. Creo que a ti te preocupa cada parte de mi cuerpo y que desharás todo lo que el enemigo trate de hacer contra mí. En el nombre de Jesús, amén.

REGRESA A LA SENCILLEZ

Pero temo que como la serpiente con su astucia engañó a Eva, vuestros sentidos sean de alguna manera extraviados de la sincera fidelidad a Cristo.

—*2 Corintios 11.3*

Mientras escribía *Ven a la mesa*, el Señor comenzó a hablarme con fuerza sobre la sanidad. Me llevó a leer un versículo que creo que expresa claramente su voluntad para nosotros. Lo escribió el discípulo a quien Jesús amaba, aquel que estuvo presente mientras Jesús iba sanando a todos los que se acercaban a él, el discípulo que se recostó en el pecho de Jesús y conoció el latido de su amor:

Amado, yo deseo que tú seas prosperado en todas las cosas, y que tengas salud, así como prospera tu alma. (3 Jn 1.2)

Esto es lo que quiero que veas: Juan le estaba escribiendo a su querido Gayo, un creyente. Sabía que el alma de Gayo ya estaba siendo prosperada. Si has invitado a Jesús a tu corazón para que sea tu Señor y Salvador, has recibido el regalo de la vida eterna y puedes tener la plena seguridad de que el cielo es tu hogar (Ro 10.9–11). Sean cuales sean los retos que se te presenten en el exterior, tu alma, que es eterna, ha comenzado a prosperar. Pero a Juan no le basta con saber que el alma de Gayo estaba prosperando. Oraba para que Gayo también fuera «prosperado en todas las cosas y [tuviera] salud». En otras palabras, puedes orar para que tu cuerpo físico esté sano, así como tu alma está sana en Cristo.

Puedes estar seguro de que la voluntad de Dios es que estés sano porque su Palabra así lo declara. Puesto que su voluntad es que «tengas salud», no sigas la tradición humana ni la opinión del hombre que dicen que a veces es su voluntad que estés enfermo. No dejes que las conjeturas y teorías del hombre te hagan creer la mentira de que tal vez Dios quiere que soportes la enfermedad física para aprender a confiar más en él o a crecer en paciencia. Gracias a lo que Jesús hizo en el Calvario, podemos estar seguros de que la enfermedad *nunca* viene de Dios. ¡La salud, sí!

Vuelve a la sencillez de declarar como un niño: «Cristo me ama, bien lo sé, su Palabra me hace ver». De la misma manera, ¿cómo sé que Jesús quiere que caminemos en su salud y plenitud? Porque la Biblia me lo dice.

EL PENSAMIENTO DE HOY

El poder de la Palabra de Dios para romper los temores que te paralizan y te impiden disfrutar de la salud es sencillo. Es el Señor Jesús. La sencilla verdad es que Cristo es tu Salvador, tu sanador, tu proveedor, tu paz y tu perdón. Él es tu «YO SOY» (Éx 3.14). Eso significa que, si ahora mismo te sientes enfermo o débil, él te dice: «Yo soy tu sanador. Yo soy tu fuerza». Cuando tienes los ojos fijos en Jesús y su Palabra, las mentiras y ataques del enemigo no pueden retenerte en el temor ni en la esclavitud de cualquier enfermedad o dolencia.

LA ORACIÓN DE HOY

Precioso Señor Jesús, gracias por ser mi amado Salvador, mi sanador, mi proveedor, mi paz y mi perdón. Gracias porque tu Palabra me dice que tú deseas que yo camine en salud y plenitud.

Declaro que tú eres el gran «YO SOY» para todas mis necesidades, y por lo tanto no tendré temor. Recibo de tu corazón amoroso toda clase de provisión práctica que necesite hoy. Amén.

NO HAY IMPOSIBLES

Lo que es imposible para los hombres, es posible para Dios.

—*Lucas 18.27*

Permíteme compartir contigo un testimonio de alabanza de Kathy, a cuyo marido, Marcus, le habían diagnosticado Alzheimer, una enfermedad cerebral degenerativa que empeora con el tiempo y no tiene cura. Solo puedo imaginar la impotencia y el miedo que Marcus y Kathy sintieron cuando les dieron el diagnóstico. Pero sigue leyendo y mira lo que el Señor hizo por ellos:

Hace algunos años, la doctora de Marcus nos dijo, basándose en su último escáner cerebral, así como en los escáneres de su tiempo en el hospital catorce meses antes, tras una hemorragia cerebral, que Marcus tenía Alzheimer. Nos dijo que Marcus debía «poner sus asuntos en orden» y comenzar a planear su retirada total de su trabajo.

No hace falta decir que esto fue una gran conmoción para nosotros, algo para lo que ninguno de nosotros estaba listo ni dispuesto a aceptar. Pero le entregamos la situación a Dios. Hay mucho que contar sobre la travesía por donde nuestro Señor nos llevó, que incluía su enseñanza para confirmarnos lo que creíamos que estábamos escuchando de él.

Nuestro Papá Dios nos dio fe, esperanza y mucha paz durante esos tiempos oscuros en que empezamos a confiar en él en todos los

*aspectos de nuestra vida. Fueron las Escrituras y sus mensajes sobre
la Santa Cena los que nos impulsaron a tomar la Santa Cena en
casa de manera regular. Creemos que fue entonces cuando comenzó
a resplandecer nuestro futuro.*

¿Te has fijado en que no aceptaron el diagnóstico sin más? Se llenaron
de Biblia, siguieron escuchando la Palabra predicada y comenzaron a participar de la Santa Cena en casa regularmente. Mientras hacían todo eso,
«comenzó a resplandecer [su] futuro». Es posible que durante ese tiempo
siguieran viendo los síntomas, pero persistieron. Hoy, saben que su progreso comenzó cuando comenzaron a tomar la Santa Cena regularmente.
No fue inmediato y completo, pero *comenzó* entonces.

Kathy escribió que, cuatro años y medio después, Marcus se sometió
a otra resonancia magnética y, cuando su neurocirujana vio el escáner,
parecía bastante perpleja. Dijo: «Estoy viendo un cerebro muy sano. Aquí
no hay Alzheimer. Voy a quitar ese diagnóstico de su historial médico».

¡Lo que es imposible para los hombres es posible para Dios (Lc 18.27)!
En lugar de deteriorarse, el cerebro de Marcus se volvió «muy saludable»,
y quedó completamente libre del Alzheimer. ¡Aleluya!

EL PENSAMIENTO DE HOY

No importa el diagnóstico que te haya dado tu médico, sigue
llenando tu corazón con las Escrituras y escuchando mensajes
sobre la obra consumada del Señor. Sigue recordando a nuestro
Señor Jesús y su amor por ti. Cada vez que el miedo amenace con
consumirte, corre de nuevo a sus brazos de amor y deja que su
amor eche fuera todo temor. Y, aunque no veas progreso todavía,
sigue peleando la buena batalla de la fe, sabiendo en tu corazón
que Dios te ama y quiere que estés bien. Lo que hizo por Marcus
también puede hacerlo por ti.

LA ORACIÓN DE HOY

Papá Dios, gracias porque contigo absolutamente nada es imposible. Gracias porque nunca estás demasiado ocupado para escuchar mi clamor y acudir en mi ayuda. Al tomar hoy la Santa Cena, creo que tu poder milagroso está eliminando todos los síntomas de enfermedad de mi cuerpo y que me infunde tu fuerza y vida divinas. Amén.

SECCIÓN VI

ÉL PAGÓ LA FACTURA

Y a vosotros, estando muertos en pecados y en la incircuncisión de vuestra carne, os dio vida juntamente con él, perdonándoos todos los pecados, anulando el acta de los decretos que había contra nosotros, que nos era contraria, quitándola de en medio y clavándola en la cruz, y despojando a los principados y a las potestades, los exhibió públicamente, triunfando sobre ellos en la cruz.

—Colosenses 2.13–15

JEHOVÁ JIREH

Y llamó Abraham el nombre de aquel lugar, Jehová proveerá [Jehová Jireh].

—*Génesis 22.14*

Si a ti o a un ser querido les han diagnosticado una enfermedad, es probable que también se enfrenten a facturas médicas cada vez mayores. Tal vez tengas un salario que te permite tan solo cubrir tus gastos mensuales y ese diagnóstico ha puesto a prueba tus finanzas. Has agotado tus tarjetas de crédito para pagar la hospitalización, la medicación y todas las pruebas que tuvieron que hacerte, y ahora estás hundido en las deudas. Tal vez no tengas seguro médico porque estás pasando de un trabajo a otro y no puedes permitírtelo. Y ahora no vas al médico porque el posible precio de hacerlo te preocupa más que tu enfermedad.

¿Sabías que la Biblia cuenta la historia de una mujer que estaba en una grave crisis financiera debido a un problema de salud de años (Mr 5.25–34)? Sufría una hemorragia o «flujo de sangre» y hacía doce años que no dejaba de perder sangre. También sabemos que había acudido a muchos médicos en su intento de curarse y que estos la habían hecho sufrir mucho. En esos años, gastó todo lo que tenía para pagar sus tratamientos, pero su problema no hizo sino empeorar.

Al leer esto, tal vez puedas identificarte con la situación de esta mujer. Tal vez has estado luchando contra un problema de salud por años, y tu cuenta bancaria se ha agotado por completo por todos los tratamientos que los expertos te dijeron que te ayudarían. Quizás la abultada deuda te ha desanimado hasta el punto de darte por vencido. En las dos lecturas siguientes, quiero compartir contigo más de la historia de esta mujer, pero primero permíteme decirte algo sobre tus finanzas.

Querido amigo, no te desanimes por las facturas que se están acumulando. El Señor no es solo *Jehová Rafa*, Jehová tu sanador, también es *Jehová Jireh*, Jehová tu proveedor. La Biblia promete que él «les proveerá de todo lo que necesiten, conforme a las gloriosas riquezas que tiene en Cristo Jesús» (Fil 4.19, NVI). Le pido a Dios que estés mucho más consciente de la abundancia de su inagotable provisión que de tus necesidades financieras. No te dejes llevar por la sensación de que tienes que manejar las presiones y ocuparte de todas las facturas médicas tú solo mientras garantizas el sustento de tu familia. No te preocupes, porque tu Padre celestial sabe que tienes necesidad de todas estas cosas (Mt 6.32). Deja tu ansiedad y pon los ojos en él. Él cuidará de ti.

EL PENSAMIENTO DE HOY

Al echar toda tu ansiedad sobre el Señor y permitirle ser tu *Jehová Jireh*, puedes recibir la paz que él te da. Escucha hoy a tu Señor Jesús susurrándote: «La paz os dejo, mi paz os doy; yo no os la doy como el mundo la da. No se turbe vuestro corazón, ni tenga miedo» (Jn 14.27). Mientras recibes su paz sobrenatural y descansas en su amor por ti, verás que él te proveerá con esplendidez a ti y a tu familia en todo lo que necesites.

LA ORACIÓN DE HOY

Señor Jesús, gracias por ser mi *Jehová Jireh*, el Señor mi proveedor. Gracias por tu promesa de suplir generosamente todas mis necesidades conforme a tus riquezas en gloria. Recibo tu paz sobrenatural que sobrepasa mi entendimiento para guardar mi corazón y mi mente de todo temor. Y recibo tu abundante y práctica provisión para cada necesidad. Amén.

DÍA 39

QUE SURJA LA FE

Ella había oído de Jesús, así que se le acercó por detrás entre la multitud y tocó su túnica.

—*Marcos 5.27,* NTV

En la lectura de ayer, comencé a hablar de la enfermedad de la mujer que había sufrido tanto en sus doce años de hemorragia. No solo se había gastado todo su dinero en tratamientos que no le sirvieron, sino que su mal había empeorado.

Tal vez te has sometido a tantas pruebas, te han puesto tantas sondas y has probado tantas «curas revolucionarias» que ya has perdido la cuenta. Pero el tratamiento falló en cada ocasión, dejándote con una deuda abultada y una enfermedad que ha empeorado a pesar de tus esfuerzos. Tal vez has llegado al punto en que te has cansado de intentarlo y de esperar. La enfermedad ha asolado tu cuerpo y no te queda ni voluntad ni dinero para seguir luchando.

Si esta es tu situación, por favor, has de saber que no es casualidad que estés leyendo estas palabras. Creo que el Señor quería que leyeras esto porque te ama. No te rindas. Aunque hayas visitado a un especialista tras otro y hayas intentado varios tratamientos sin éxito, ¡aún hay esperanza!

En serio, creo que lo que estoy a punto de compartir contigo te ayudará a recibir un punto de inflexión tanto en tu cuerpo como en tus finanzas. Así lo narra el apóstol Marcos:

Cuando oyó hablar de Jesús, vino por detrás entre la multitud, y tocó su manto. Porque decía: Si tocare tan solamente su manto, seré salva. Y en seguida la fuente de su sangre se secó; y sintió en el cuerpo que estaba sana de aquel azote [...]. Y él le dijo: Hija, tu fe te ha hecho salva; ve en paz, y queda sana de tu azote. (Mr 5.27–34)

Si has estado creyendo que Dios sana, tal vez estés pensando: *Si tan solo pudiera ver a Jesús con mis propios ojos o escucharlo con mis oídos, podría ser sanado.* El apóstol Lucas dice que «se reunía mucha gente para oírle, y para que les sanase de sus enfermedades» (Lc 5.15). Estas multitudes oyeron a Jesús y fueron sanadas.

Pero en el relato del apóstol Marcos sobre la mujer con flujo de sangre no dice: «Cuando oyó a Jesús». Dice: «Cuando oyó *hablar de* Jesús».

¡Aleluya! ¿Sabes lo que eso significa? Significa que podemos tener la misma fe que esta mujer tuvo al oír *hablar de* Jesús. Puede que no veamos ni oigamos a Jesús en persona como lo hicieron las multitudes. Pero, con solo oír *hablar de* Jesús, podemos recibir la misma fe y el mismo cambio de salud que la mujer, aun cuando llevemos años enfermos, ¡o incluso si han fracasado los doctores y los tratamientos costosos!

EL PENSAMIENTO DE HOY

La fe, tal como se define en la Palabra de Dios, es «la confianza de que en verdad sucederá lo que esperamos» (Heb 11.1, NTV). La fe por cualquier cambio o sanidad en tu vida surge cuando oyes hablar de Jesús, de su bondad y gracia. Y, cuanto más escuches sobre su obra consumada en la cruz, más fe tendrás para recibir tu milagro.

LA ORACIÓN DE HOY

Señor Jesús, gracias porque, cuanto más escucho sobre tu bondad y tu gracia, más fe brota en mi corazón. Te agradezco que, gracias a tu obra consumada en la cruz, puedo esperar confiando en que recibiré sanidad. Descanso en tu amor por mí y te doy gracias por la sanidad que estás obrando en mi cuerpo. Amén.

DÍA 40

¿QUÉ ESTÁS ESCUCHANDO?

Así que la fe viene del oír, y el oír, por la palabra de Cristo.

—Romanos 10.17, LBLA

Deja que te muestre un aspecto más de la historia de la mujer de Marcos 5 a quien Jesús sanó de un «flujo de sangre» que le había causado un gran sufrimiento durante doce años. Vimos en la última lectura que su milagro comenzó cuando oyó «hablar de» Jesús. ¿Qué crees que escuchó ella sobre Jesús que era tan poderoso?

Llevaba doce años sangrando. De acuerdo con la ley levítica, era «impura». Cualquiera que la hubiera tocado o incluso hubiera tocado algo sobre lo que se hubiera sentado también se consideraba impuro (Lv 15.19–25). Esto significa que llevaba doce años siendo rechazada y condenada al ostracismo. Durante doce años no se le permitió tocar a nadie para no profanarlo. ¿Te imaginas una vida en la que cada día se te recuerde dolorosamente lo sucio, impuro e indigno que eres?

Pero entonces oyó decir algo sobre Jesús.

Escuchó algo que hizo brotar la esperanza en su corazón cansado y le dio la fe para creer que se recuperaría con solo tocar su manto.

Escuchó algo que le dio el valor y la determinación para llevar su debilitado cuerpo por entre la multitud, a pesar de que la ley levítica le prohibía tocar a nadie.

Sobre todo, oyó algo que le hizo creer que, a pesar de estar impura, podía ser sanada. Eso es lo que quiero que oigas hoy sobre nuestro Señor Jesús.

A pesar de que eres impuro, a pesar de que has fallado, a pesar de que hay pecado en tu vida, ¡*puedes ser sanado*!

No permitas que las tradiciones humanas te alejen de tu amado Salvador. Ven a él tal como eres. No necesitas hacer nada para ser digno. No necesitas ser limpio para acercarte a él. No tienes que anhelar su toque desde la distancia, deseando ser lo suficientemente bueno o puro. Ven a él con todos tus pecados y todas tus cargas, él te hará limpio. El mismo Jesús que dio su cuerpo para sanarte también dio su sangre para tu perdón. ¡Ven a él!

EL PENSAMIENTO DE HOY

La Biblia no nos dice exactamente *qué* fue lo que esta mujer escuchó sobre Jesús, pero yo te digo que debió de haber oído numerosas historias sobre cómo Jesús sanaba a los enfermos por donde pasaba. Debió de haber oído sobre su bondad y compasión sin importarle lo imperfectos que fueran quienes acudían a él para que los sanara. ¿Cuál fue el resultado? En ella prendió la fe y, en el instante en que tocó el borde de su manto, recibió su milagro. ¿Qué estás escuchando sobre Jesús?

LA ORACIÓN DE HOY

Amado Señor Jesús, gracias por la verdad que estoy escuchando sobre ti y por tu invitación a venir tal como soy para dejar que me limpies. Creo que he sido hecho apto gracias a que diste tu cuerpo por mi sanidad y tu sangre por mi perdón. En este momento, recibo mi sanidad y todo lo que necesito de ti. Amén.

HAS SIDO HECHO APTO

... dando gracias al Padre que nos hizo aptos para participar de la herencia de los santos en luz; el cual nos ha librado de la potestad de las tinieblas, y trasladado al reino de su amado Hijo, en quien tenemos redención por su sangre, el perdón de pecados.

—*Colosenses 1.12–14*

Hace años, cuando empecé a predicar, uno de mis héroes espirituales de entonces había dicho: «El problema no está ni en Dios ni en su Palabra. Cuando no recibes de Dios, el problema está en ti». Así que eso es lo que le enseñé a mi iglesia yo también. Quería que las personas de mi congregación se sanaran y tuvieran plenitud, por eso les enseñé una lista de razones por las que no eran sanados, pero esa lista no dejaba de crecer.

Un día escuché la voz del Espíritu Santo dentro de mí diciendo: «¡Deja de descalificar a mi pueblo!».

Yo respondí: «Pero, Señor, no los estoy descalificando. Estoy tratando de que estén cualificados para que los sanes».

Cuando le dije eso, se me abrieron los ojos y me arrepentí. Yo no puedo cualificar a nadie para ser sanado, ni necesito intentarlo. Dios *ya* nos ha cualificado por medio de la sangre de su Hijo. La Palabra de Dios lo dice muy claramente en los versículos citados.

Hoy, tú y yo podemos dar gracias al Padre que nos *ha* hecho aptos. *Ya* estamos cualificados para participar de todas las bendiciones. Y no solo eso, sino que también ya nos ha *librado* del poder de las tinieblas y nos ha trasladado al reino de su amado Hijo. Eso significa que el diablo ya no tiene ningún control sobre nosotros. No tiene poder sobre nosotros. No tiene autoridad para robarnos la salud.

Cualquier pecado que hayas cometido, cualquier error en que hayas caído, ya no te descalifica. Tal vez no creas que mereces ser sanado, pues tú elegiste llenar tu cuerpo con toda esa comida basura durante años, y no has estado haciendo ejercicio. Nada de lo que puedas hacer es tan poderoso como para borrar la obra consumada de Cristo.

Sí, debemos comer sano y cuidar nuestros cuerpos. Pero lo que afirmo es que, aunque hayas cometido errores, no tienes que considerarte no apto. En eso consiste la gracia: ¡*la gracia es para los que no la merecen*!

El problema no está en Dios, tampoco en su Palabra, y definitivamente tampoco está en ti, porque Jesús ha quitado de una manera eficaz y perfecta todos tus pecados con su sangre. Él ya te ha hecho apto para recibir gratuitamente su sanidad. Puedes declarar confiadamente «Sí» y «Amén» a todas las promesas de Dios en Cristo (2 Co 1.20). ¡Ahora recibe tu sanidad!

EL PENSAMIENTO DE HOY

Cuando empiezas a ser más y más consciente de que Jesús ha sido crucificado por ti, la fe deja de ser un impedimento para recibir las promesas de Dios. ¿Por qué? Porque cuanto más contemplas lo que Jesús ha hecho por ti, más ves para qué te ha hecho Jesús *apto*, más fe brota dentro de ti, y surgen los milagros. ¡Aleluya!

LA ORACIÓN DE HOY

Señor Jesús, gracias por hacerme apto para participar de toda bendición y por liberarme del poder de la oscuridad. Gracias por la asombrosa gracia de tu obra consumada que me hace apto para recibir tu sanidad y perdón. Declaro «Sí» y «Amén» a todas las promesas y bendiciones que tengo en ti. Amén.

DÍA 42

LA BONDAD DE DIOS

¿No ves que la bondad de Dios es para guiarte a que te arre-
pientas y abandones tu pecado?

—Romanos 2.4, NTV

Quiero compartir contigo un testimonio que Shirley, de Texas, envió a
mi ministerio. Le pido a Dios que te sea de ánimo.

Hablando en el plano natural, en su vida había muchas cosas que la
habrían hecho no apta para que Dios la sanara. Durante diez años, Shirley
fue adicta a las drogas y al alcohol. Como resultado de este estilo de vida,
contrajo la hepatitis C, una enfermedad grave y difícil de detectar, que es
crónica y a veces letal.

Shirley cuenta cómo, aunque el Señor la había liberado de sus adiccio-
nes, sentía que como cristiana no estaba a la altura, aunque se esforzaba al
máximo. Seguía sintiendo que no era lo suficientemente buena como para
ser sanada. Pero entonces, dicho en sus propias palabras, la «gracia radical
de Dios» entró en su vida y esto es lo que pasó:

Empecé a escuchar a Joseph Prince y también empecé a tomar la
Santa Cena en casa y a apoyarme en la obra consumada de Jesús.
Algún tiempo después, fui a ver a un especialista en enfermedades
infecciosas para hacerme un análisis de sangre y saber qué geno-
tipo de la hepatitis C tenía, para recibir el tratamiento adecuado.
Unas semanas después, la doctora me llamó para decirme que tenía
buenas noticias: yo era un caso raro, porque había desarrollado

anticuerpos contra el virus y ahora era inmune a él, así que ya no necesitaba ningún tratamiento. ¡Alabado sea Jesús! ¡A él sea toda la gloria! Como Jesús, así soy yo en este mundo. Como él no tiene hepatitis C en su sangre, ¡yo tampoco!

Lo interesante de esto es que yo sentía que no había pasado tanto tiempo con Dios como me hubiera gustado. Me sentía como si no estuviera a la altura como cristiana. Ni siquiera había ido mucho a la iglesia. Este es un mensaje fuerte para mí: no hay nada que pueda hacer para ganarme mi sanidad o mi derecho a estar con el Padre. El hecho de que me haya sentido menos espiritual en el último año, pero que aun así haya sido sanada, es un poderoso testimonio de la gracia radical de nuestro Señor Jesucristo.

Además, normalmente me enfermo al menos tres o cuatro veces durante el invierno, pero, durante el último año, cada vez que sentía que empezaba a enfermar, reivindicaba sobre mí la obra terminada de Jesús. ¡Me despertaba a la mañana siguiente sana y renovada! ¡Alabado sea Dios!

Hubo muchas áreas de fracaso en la vida de Shirley, pero Dios, en su gracia, la liberó de diez años de fuerte adicción. Y, mientras seguía escuchando la predicación sobre Jesús, recibiendo el don de la justicia y participando de la Santa Cena, no solo se mantuvo sobria, sino que también fue liberada de la hepatitis C. Shirley dice que la gracia de Dios «ha cambiado [su] vida». Ciertamente, es la bondad de Dios la que nos lleva al arrepentimiento.

EL PENSAMIENTO DE HOY

Shirley escuchó la buena noticia de que no tenía que tener su vida en orden para que Dios la sanara. Lo que escuchas sobre Dios podría marcar la diferencia entre la vida y la muerte. ¿Escuchas la voz descalificadora o la voz de la gracia que te hace apto sobre la base de la cruz de Jesús?

LA ORACIÓN DE HOY

Señor Jesús, gracias por tu asombrosa gracia, tu perdón y tu don de la justicia que me hace apto para ser liberado y sanado. Gracias por tu bondad que me ha hecho ver que no hay nada que yo tenga que hacer para ganar mi sanidad. Me mantengo firme en tu obra consumada y recibo gratuitamente mi sanidad al participar de la Santa Cena. Amén.

ÉL ESTÁ DISPUESTO

Cuando descendió Jesús del monte, le seguía mucha gente. Y he aquí vino un leproso y se postró ante él, diciendo: Señor, si quieres, puedes limpiarme. Jesús extendió la mano y le tocó, diciendo: Quiero; sé limpio. Y al instante su lepra desapareció.

—Mateo 8.1–3

Has visto cómo nuestro Señor Jesús sanó a la mujer con flujo de sangre. Quiero mostrarte cómo sanó a otra persona que también se consideraba no apta e impura bajo la ley levítica. Mateo 8 tiene lugar en el monte de las Bienaventuranzas, justo después de que Jesús predicara el Sermón del Monte, y comienza con los versículos citados.

Cuando viajo a Israel, uno de mis lugares favoritos es el monte de las Bienaventuranzas. Hace unos años, subimos hasta donde posiblemente estuvo Jesús sentado mientras predicaba a las multitudes que escuchaban abajo; luego yo seguí un sendero y me di cuenta de que llevaba hasta Capernaum. Siempre había imaginado a Jesús bajando de la montaña hacia la multitud, pero me di cuenta de que, si lo hubiera hecho, no leeríamos que «le seguía mucha gente». Es muy probable que, para que las multitudes lo siguieran, tuviera que bajar por otro lado de la montaña hacia Capernaum. Solo un versículo después de que Jesús sanara al leproso, la Biblia nos dice que entró en Capernaum (Mt 8.5), y creo que eso tiene sentido.

Yo seguí caminando por ese sendero hasta que llegué a una enorme pila de rocas en el costado y noté otras losas de piedra esparcidas cerca.

De repente, sentí que el Señor me detenía, y comenzó a darme una visión interior. Vi cómo el leproso podría haberse ocultado tras esas rocas para poder oír a Jesús predicar sin que la multitud lo viera. Si la gente lo hubiera visto, impuro por su lepra, podría haberle tirado piedras para ahuyentarlo, por miedo a su enfermedad.

Vi la angustia del hombre, que sufría no solo por su cuerpo cubierto de lepra y de heridas visibles en carne viva, sino también porque se veía obligado a aislarse y apartarse de sus seres queridos para no contaminarlos ni profanarlos (Lv 13.45–46). Vi la desesperación del hombre que se postró ante Jesús, adorándolo mientras decía: «Señor, si quieres, puedes limpiarme». Vi la belleza y la majestad de nuestro Señor Jesús al extender la mano para *tocar* al leproso, levantarlo y decir: «Quiero, sé limpio».

En ese momento, el Señor restauró no solo la salud del hombre, sino también su humanidad.

Lo increíble es que Jesús tocara a un leproso. Según la ley, cuando algo limpio toca algo sucio, lo limpio se vuelve sucio. Nuestro Señor Jesús estaba mostrando que, bajo la gracia, cuando lo limpio (Jesús) toca lo sucio, ¡lo sucio se vuelve limpio! Jesús no se contaminó al tocar la lepra del hombre, la quitó. Querido amigo, él hará lo mismo por ti.

———

EL PENSAMIENTO DE HOY

Basándome en lo que vi en el Espíritu, trabajé con mi equipo para preparar un video sobre la sanidad del leproso para que tú también puedas experimentarlo, y he incluido el enlace aquí: JosephPrince.com/eat. Mientras lo ves, espero que sientas la hondura de la compasión de nuestro Señor y notes su entrañable amor por ti. Quiera Dios que veas que su santidad es una santidad a la que nos podemos acercar, y que lo veas venir a ti, buscándote y sacándote de tu dolor.

LA ORACIÓN DE HOY

Señor Jesús, gracias por mostrarme en los Evangelios tu gran amor y tu poder por la forma en que ministraste al leproso. Creo que me amas con esa misma compasión y que te acercas hasta mí ahora mismo para sacarme del desánimo y la enfermedad. Hoy recibo con gusto tu tierno amor y tu toque sanador. Amén.

DÍA 44

UN REGALO DE GRACIA

En él tenemos la redención mediante su sangre, el perdón de
nuestros pecados, conforme a las riquezas de la gracia que
Dios nos dio en abundancia...

—*Efesios 1.7–8,* NVI

Son muchos los que creen que Dios tiene poder para sanar. Pero, igual que el leproso, dudan de que Dios esté dispuesto a usar su poder para curarlos a ellos. Si alguna vez has albergado tales dudas acerca de su disposición a sanarte, espero que esa disposición se instale para siempre en tu corazón al escuchar cómo te dice: «Quiero, sé limpio. ¡Sé sanado!». Tus pecados y defectos no hacen que Jesús sienta repugnancia hacia ti. Al contrario, las cosas que crees que te hacen no apto son las que te hacen *apto* para su gracia salvadora. Mientras lo adoras y apartas la mirada de lo que te descalifica, deja que él te toque y te limpie.

La sanidad es un regalo de gracia. No puedes ganar con tus buenas obras que te sane, ni tus defectos pueden descalificarte para que no te sane. Piensa en todas las personas que Jesús sanó. De las grandes multitudes que fueron sanadas, ¿crees que no habría personas con pecados y fracasos en sus vidas? ¿Alguno de los que Jesús sanó tuvo primero que hacer algo para ganarse o ser apto para su sanidad?

Amado, deja de descalificarte. No importa cuánto creas que has fallado, no importa lo impuro y sucio que te creas, Dios te ama. Igual que limpió al leproso y curó a la mujer con flujo de sangre, puede sanarte a ti, y quiere hacerlo. Bajo la ley, no serías apto. Pero Jesús vino a cumplir hasta la jota y la tilde de la ley (Mt 5.17–18) para que hoy podamos recibir libremente el bien que no merecemos. Nuestro Señor Jesús llevó nuestros pecados y enfermedades en la cruz. Cuando Dios te mira, no ve tus pecados y fallos. Si has aceptado a Jesús en tu corazón, eres una nueva criatura en Cristo (2 Co 5.17). ¡Ven confiadamente y recibe el oportuno socorro para toda necesidad (Heb 4.16)!

Ruego a Dios que hoy hayas oído hablar de un Jesús que reparte gratuitamente bendiciones, provisión y sanidad con una mano generosa que no se refrena. Le pido que hayas visto a un Jesús que demostró su voluntad de tomar tus enfermedades e impurezas y darte en lugar de ellas su salud y justicia divinas.

EL PENSAMIENTO DE HOY

No necesitas ganarte el amor de Dios. En Cristo, *ya* eres su amado. Todo lo que él tiene ya es tuyo. No te pide que para obtener sus bendiciones tengas que servirle primero. Todo lo que tiene ya te lo ha dado de manera gratuita e incondicional. Ven al Padre. Ven con todos tus defectos, con todas tus fracturas, con todas tus insuficiencias. Ven tal como eres y recibe de él todo lo que necesites.

LA ORACIÓN DE HOY

Papá Dios, gracias por no tener que merecer ni ganarme tu misericordioso regalo de la sanidad. Gracias porque me amas y te preocupas por mí. Gracias por Jesús, que tomó todos mis pecados y fracasos y me hizo apto para todas tus bendiciones. Recibo de tu generosa mano la provisión y la sanidad que necesito. Amén.

ALGO MUCHO MEJOR

Antes bien, como está escrito: Cosas que ojo no vio, ni oído oyó, ni han subido en corazón de hombre, son las que Dios ha preparado para los que le aman. Pero Dios nos las reveló a nosotros por el Espíritu.

—1 Corintios 2.9–10

Hemos llegado al final de esta sección, pero tal vez aún tengas dudas sobre tu sanidad.

Viste cómo Jesús curó a la mujer de una enfermedad crónica y prolongada y limpió al hombre de un mal incurable. Tal vez estés pensando: *Sí, pero ellos conocieron a Jesús en persona. Si yo pudiera conocer a Jesús en persona, podría ser sanado.*

Amigo mío, tengo muy buenas noticias para ti.

Nuestro Señor Jesús mismo les dijo a sus discípulos: «Os conviene que yo me vaya; porque si no me fuera, el Consolador no vendría a vosotros; mas si me fuere, os lo enviaré» (Jn 16.7). Cuando Jesús estaba en la tierra, estaba limitado. Solo podía estar en un lugar a la vez. ¡Pero, ahora que nos ha enviado el Espíritu Santo, es mejor para nosotros! Él es completamente ilimitado, y puede decirnos esto a ti y a mí:

«... *estoy con ustedes siempre, hasta el fin de los tiempos*». (Mt 28.20)

¡Aleluya! Jesús está, ahora mismo, en tiempo presente, *contigo* y *conmigo*. No está lejos. Dondequiera que estemos y sean cuales sean las circunstancias que enfrentemos, él está con nosotros. A nosotros nos corresponde venir *confiadamente* a él para recibir su misericordia, su gracia y su ayuda (Heb 4.16). Deja de descalificarte y no permitas que nadie te diga que no mereces su regalo de curarte. Acércate a él confiadamente hoy.

Y eso no es todo. ¿Notaste que la mujer con flujo de sangre se curó con solo tocar el manto de Jesús? Hoy tienes algo *mucho* mejor que su manto. Puedes participar del *cuerpo de Jesús* de una manera tangible y práctica.

¿Qué quiero decir con esto? La noche en que nuestro Señor Jesús fue traicionado, instituyó la Santa Cena. Tomó el pan, y la Biblia nos dice esto:

> *Y habiendo dado gracias, lo partió, y dijo: Tomad, comed; esto es mi cuerpo que por vosotros es partido; haced esto en memoria de mí. Asimismo tomó también la copa, después de haber cenado, diciendo: Esta copa es el nuevo pacto en mi sangre; haced esto todas las veces que la bebiereis, en memoria de mí. (1 Co 11.24–25)*

Cada vez que participamos de la Santa Cena, participamos del cuerpo de Jesús y recibimos su sangre. Si hasta en sus ropas había semejante poder sanador, ¿te imaginas el poder que hay en la Santa Cena? Tengo muchas cosas que contar sobre el poder curativo de la Santa Cena, ¡y me muero de ganas de profundizar en ello!

EL PENSAMIENTO DE HOY

Si con solo tocar las vestiduras de Jesús se liberó el poder para un milagro de sanidad, imagina el poder que se te impartiría al participar del propio cuerpo del Señor. Imagínate participando de la fuerza y la vitalidad, incompatible con la enfermedad, que fluyen de su cuerpo. Tal es la oportunidad y la bendición que tenemos disponibles cada vez que recibimos la Santa Cena. Cuanto más permitas que el Espíritu Santo revele en la Santa Cena la belleza de Jesús, más se manifestará su poder sanador en tu cuerpo.

LA ORACIÓN DE HOY

Padre en el cielo, gracias porque el Espíritu Santo ha venido a morar en mí y me revela todo lo que tengo por medio de la obra consumada de Jesús. Gracias porque Jesús está siempre conmigo y se hace presente de una manera tangible y práctica a través de la Santa Cena. Al participar hoy de la Santa Cena, creo que estoy recibiendo una nueva impartición de su poder sanador y vida divina en todo mi cuerpo. Amén.

Recuperación total de la vista después de recibir la Santa Cena

Hace unos años, después de mudarme al oeste de Texas por trabajo, comencé a tener problemas en la vista. Veía borroso y, en cuestión de días, ni siquiera podía ver las imágenes en un televisor de cincuenta y dos pulgadas ni leer los mensajes en mi celular.

Me llevaron al oftalmólogo y me dijo que mi caso era grave, así que me sugirió que viera a un especialista. El especialista que diagnosticó mi problema en los ojos me dijo que tenía desprendimiento de ambas retinas. Tenía que recibir tratamiento de inmediato o podría quedarme totalmente ciego. También le dijo a mi familia que, como yo no tenía seguro médico, los doctores no querían atenderme.

Mi madre y yo le confiamos la situación al Señor, con fe en que nos abriría las puertas que necesitábamos. En resumen, por su gracia, pude ser visitado por los mejores doctores. Fui a hacerme pruebas en los ojos que reflejaban que tenía las dos retinas desprendidas y que estaba oficialmente ciego. Me dijeron que tal vez nunca recuperaría la visión. Un médico declaró que había visto este problema en personas muy ancianas, pero nunca en una de treinta y cinco años, como yo. En mi informe escribieron que no solo tenía desprendimiento de retinas, sino que también todo lo que había detrás de mis ojos estaba fuera de su lugar. Nada estaba donde debía, y no tenían ninguna explicación de cómo o por qué había sucedido.

Yo me deprimí porque no podía conducir y necesitaba ayuda hasta para subir las escaleras o bajar la acera. Sentía alivio en los ojos si me sentaba en un cuarto oscuro y evitaba la luz, pero esto me deprimía aún más. Fue una época muy difícil, y pensé a menudo en morir.

Me recetaron varios medicamentos, algunos de los cuales me hicieron ganar peso. Los médicos me dijeron que tal vez tendría que seguir medicándome el resto de mi vida y que no debía conducir ni trabajar hasta que mejorara. Yo no quería estar medicado de por vida, por no mencionar los gastos que eso suponía. Decidí dejar de tomar los medicamentos y no se lo dije a mis médicos.

Aunque seguía con las retinas desprendidas, seguimos creyendo y agradeciendo al Señor por mi sanidad. Habíamos estado escuchando a Joseph Prince, y yo seguía declarando, «Como Jesús es, así soy yo en este mundo». También orábamos cada vez que visitábamos al doctor, con fe en recibir buenas noticias.

Una mañana, mi madre me propuso que participáramos de la Santa Cena antes de acudir a la consulta. Había estado escuchando a Joseph Prince durante algún tiempo y había aprendido más sobre la Santa Cena y su significado. La tomamos con fe y le dimos gracias al Señor por un buen informe médico esa mañana.

> TOMAMOS LA SANTA CENA CON FE Y LE DIMOS GRACIAS AL SEÑOR POR UN BUEN INFORME MÉDICO [...]. ESA MAÑANA, VI CÓMO LA GRACIA ME SANÓ.

En la clínica, pasé por la prueba rutinaria. Después, la doctora me miró a los ojos y dijo que ya no tenía las retinas desprendidas y que toda la parte posterior de mis ojos estaba en su lugar. Murmuró en voz baja: «Increíble», y dijo, «Nadie diría que este paciente tenía un desprendimiento de retina». Añadió que nunca había visto una recuperación tan rápida y llamó a otros dos médicos para que confirmaran y atestiguaran lo que tenía delante.

Mi tribulación duró unos diez meses, pero esa mañana vi cómo la gracia me sanó. He recuperado completamente la vista. Ahora puedo ver los mensajes de mi celular o las imágenes de la tele, y además estoy trabajando y conduciendo. ¡Gloria a Jesús!

Albert | Texas, Estados Unidos

LA REVELACIÓN DA RESULTADOS

Para que el Dios de nuestro Señor Jesucristo, el Padre de gloria, os dé espíritu de sabiduría y de revelación en el conocimiento de él, alumbrando los ojos de vuestro entendimiento, para que sepáis cuál es la esperanza a que él os ha llamado, y cuáles las riquezas de la gloria de su herencia en los santos, y cuál la supereminente grandeza de su poder para con nosotros los que creemos, según la operación del poder de su fuerza, la cual operó en Cristo, resucitándole de los muertos y sentándole a su diestra en los lugares celestiales.

—Efesios 1.17–20

NO ES CUESTIÓN DE REGLAS Y RITUALES

¿O ignoráis que vuestro cuerpo es templo del Espíritu Santo, el cual está en vosotros, el cual tenéis de Dios, y que no sois vuestros? Porque habéis sido comprados por precio.

—*1 Corintios 6.19–20*

Si has estado leyendo este libro desde el principio, oro para que hayas empezado a ver que hay esperanza para *cualquier* enfermedad que tú o tu ser querido puedan tener.

Hay esperanza porque *no* estás solo, y no eres *tuyo*, perteneces a un Dios que te ama con un amor inconmensurable, un amor que sobrepasa todo entendimiento, que es demasiado grande e intenso para comprenderlo (Ef 3.18–19).

Hay esperanza porque perteneces a un Dios que no podía dejarte sufrir enfermedades y dolencias y envió a su propio Hijo amado para que cargara *todos* tus dolores y enfermedades sobre su propio cuerpo.

Hay esperanza porque perteneces a un Dios que te ha dado una manera práctica de acceder a su poder sanador en *cualquier momento*. Puedes venir a él con libertad. No hay aros religiosos por los que pasar, ni exigencias de aptitud que cumplir. *Ya* te ha hecho apto, y lo único que tienes que hacer es responder a la invitación que te hizo cuando tomó el pan y dijo: «*Tomad, comed*; esto es mi cuerpo», cuando tomó la copa y dijo: «*Bebed de ella* todos» (Mt 26.26–27).

Le pido a Dios que hayas captado una revelación de qué comer para tener una vida llena de vitalidad y tener un cuerpo lleno de salud y fuerza divinas. En este capítulo y el siguiente, quiero compartir contigo *cómo* participar de la Cena del Señor para tener vida y salud, que no se parece en nada a ninguna dieta que hayas probado.

Todas las dietas y regímenes de alimentación tienen reglas —deberes y prohibiciones— que debes cumplir para ver los resultados y avances. Si no sigues todos sus postulados, los resultados serán mínimos o nulos. La cuestión es que los resultados de cualquier dieta dependen completamente de ti: de *tu* disciplina, *tu* fuerza de voluntad y *tu* capacidad para guardar y seguir las reglas.

En la Santa Cena, los resultados no tienen nada que ver con lo que tienes que hacer, tienen que ver con tener una revelación de lo que él hizo *por ti*. Siempre que leas la Biblia, recuerda que no es solo un texto histórico o un registro de la vida de nuestro Señor Jesús. ¡La Biblia documenta su amor *por ti*! Oro para que el Espíritu Santo te haya dado ojos para ver que todo lo que Jesús soportó fue *por ti*. *Tú* y tu plenitud fueron el gozo puesto delante de él. Todos los sacrificios que hizo fueron *por ti*. ¡El Divino sufrió *por ti* para que tuvieras vida, salud y plenitud divinas!

EL PENSAMIENTO DE HOY

Recuerda, la Santa Cena no consiste en examinarte por los pecados cometidos y decidir qué debes hacer para ser digno de participar. Amigo mío, se trata de mirar a Jesús y ver lo que él ha hecho en la cruz para que seas digno de participar y para darte sanidad y una salud abundante.

LA ORACIÓN DE HOY

Padre, gracias porque te pertenezco en virtud de que la preciosa sangre y el cuerpo de tu amado Hijo fueron entregados por mí. Gracias por haber enviado a Jesús a llevar en su cuerpo mis dolores y enfermedades. Al participar de la Santa Cena, te pido que el Espíritu Santo me abra los ojos para ver todo lo que Jesús ha hecho por mí y me ayude a recibir la plenitud que ha comprado para mí. Amén.

HACER MEMORIA

[Él] tomó pan; y habiendo dado gracias, lo partió, y dijo: Tomad, comed; esto es mi cuerpo que por vosotros es partido; haced esto en memoria de mí. Asimismo tomó también la copa, después de haber cenado, diciendo: Esta copa es el nuevo pacto en mi sangre; haced esto todas las veces que la bebiereis, en memoria de mí.

—1 Corintios 11.23–25

Los resultados de las dietas y el ejercicio se deben a las reglas, la rutina y el régimen. Los resultados de la Santa Cena se deben a la relación, la revelación y la comprensión de la obra redentora de Cristo. La Santa Cena habla de su amor. Se trata de su poder para sanarte y liberarte de toda enfermedad y dolencia. Por eso el apóstol Pablo escribió en los versículos de arriba que nuestro Señor Jesús quiere que participemos de la Santa Cena en *memoria* de él.

Cuando el pueblo judío usa la palabra «memoria», no es solo un recuerdo pasivo o una remembranza sentimental. Tiene la idea de *recreación*, de volver a pasar por el hecho. Se trata de recrear todo lo que pasó, ver su cuerpo roto al partir el pan en tu mano y ver su sangre derramada por ti al beber de la copa. Se trata de tener una valoración activa de la cruz, y ver lo poderosa que es para ti hoy, ya que rememoras que el Rey de reyes sufrió por ti.

¿Has observado que nuestro Señor Jesús nos dijo que tomáramos la Santa Cena *en memoria de él*, y no en memoria de nuestras enfermedades?

En cierta ocasión, muchos hijos de Israel murieron en el desierto por mordeduras de serpiente. Cuando Moisés oró para que el Señor hiciera desaparecer las serpientes, Dios respondió: «Hazte una serpiente ardiente, y ponla sobre una asta; y cualquiera que fuere mordido y mirare a ella, vivirá» (Nm 21.8).

Dios no hizo desaparecer las serpientes. Su respuesta fue decirle a Moisés que hiciera una réplica de aquello mismo que los estaba matando, la serpiente, y la colocara en una asta a la vista de todos. Y Moisés hizo una serpiente de bronce, y la puso sobre una asta; y cuando alguna serpiente mordía a alguno, miraba a la serpiente de bronce, y vivía (Nm 21.9).

La serpiente en el asta es una imagen de nuestro Señor Jesús siendo levantado en la cruz, suspendido entre el cielo y la tierra, rechazado por el hombre, y también por su propio Padre porque estaba cargando con todos nuestros pecados. En esa cruz, Jesús cargó con todas las consecuencias y todas las maldiciones del pecado que tú y yo deberíamos haber sufrido, y eso incluye todas las enfermedades y dolencias.

Hoy, cualquiera que sea tu dolencia, ven a la Mesa del Señor. Ven, contémplalo a él y a su amor y empieza a participar cada vez más de la sanidad que él pagó para ti.

EL PENSAMIENTO DE HOY

Dios le dijo a Moisés que hiciera una serpiente de bronce porque el bronce en la Biblia habla de juicio. Dios es santo y justo, y tiene que castigar el pecado. Dios nos amó tanto a ti y a mí que envió a Jesús para ser nuestro sustituto, para soportar nuestro castigo y nuestro juicio. Tus pecados han sido juzgados y tus enfermedades las cargó él en su propio cuerpo. Lo único que tú tienes que hacer es mirar a Jesús y creer que él lo ha hecho todo para que seas sanado.

LA ORACIÓN DE HOY

Precioso Señor Jesús, gracias por tu maravilloso amor por mí. Cada vez que participe de la Santa Cena, ayúdame a apartar la vista de mis síntomas y dolores y a recordar lo que tú pasaste por mí para garantizar mi sanidad. Alzo los ojos de mi corazón para ver todo lo que hiciste por mí en la cruz, y descanso en tu perfecta obra consumada para sanarme de toda enfermedad. Amén.

MIRAR ATENTAMENTE

Y como Moisés levantó la serpiente en el desierto, así es nece-
sario que el Hijo del Hombre sea levantado, para que todo
aquel que en él cree, no se pierda, mas tenga vida eterna.

—*Juan 3.14–15*

Quiero mostrarles algo importante en la historia de Moisés alzando la serpiente de bronce en el desierto cuando los hijos de Israel fueron mordidos por serpientes. Creo que esto va a hacer que participes la Santa Cena con mayor revelación cada vez que vengas a la Mesa del Señor.

En el relato de Números 21, leemos que, aunque muchos murieron por las morduras de serpiente, cualquiera de los hijos de Israel que *mirara* a la serpiente de bronce *fue* sanado. La palabra hebrea usada para *mirar* en Números 21.9 es *nabat*, que significa «mirar atentamente».[1] De la misma manera, cuando tomes la Santa Cena, toma consciencia de Jesús y de cómo él cargó con todos tus pecados y enfermedades en su cuerpo. No participes pensando en tus síntomas físicos.

Querido amigo, sé que las oleadas de náuseas que te paralizan son reales. La falta de aire con la que has estado luchando es real. El dolor de tu cabeza cada vez que la mueves es real, así como las dolorosas morduras de las serpientes eran reales para los hijos de Israel. En este momento, oro para que sea eliminado de tu cuerpo todo dolor y malestar, en el poderoso nombre de Jesús. Nuestro Señor Jesús llamó a la sanidad «el pan de los hijos» (Mt 15.26). Si eres un hijo de Dios, la sanidad es algo que te pertenece.

Pero, amigo mío, tu sanidad no vendrá de concentrarte en tu enfermedad. Vendrá cuando hagas lo que hicieron los hijos de Israel: apartar la vista de sus mordeduras y mirar a la serpiente de bronce alzada en el asta. Hoy, al tomar la Santa Cena, haz memoria de tu Señor Jesús y no de tu dolor. Mira a él con atención y con la expectativa de que te salve y te sane.

Míralo alzado en la cruz, juzgado con tu enfermedad. Si tienes un problema de riñón, mira el riñón de Jesús herido con tu enfermedad en la cruz. Si tienes una patología degenerativa en la columna, mira la columna de Jesús herida con esa enfermedad en la cruz. Cuando miras al cuerpo de Jesús herido por tu enfermedad, esta no puede quedarse en ti. Incluso si tienes una enfermedad «terminal» de la que han muerto otros, ¡míralo y recibe tu sanidad!

EL PENSAMIENTO DE HOY

Siempre que participes de la Santa Cena, te animo a que no te precipites. El Señor te ama muchísimo. Tómate un tiempo para adorar al Señor hasta que puedas sentir su presencia. Dedica tiempo a engrandecerlo hasta que tu consciencia de su bondad y su poder sanador sea mucho mayor que los sentimientos de tu enfermedad o los síntomas de tu ser querido. Al adorar a la persona de nuestro Señor Jesús, creo que recibirás todos los beneficios de la obra de su persona. Por eso participamos de hacer memoria de él.

LA ORACIÓN DE HOY

Señor Jesús, gracias por cómo la serpiente de bronce me muestra que he sido liberado de toda enfermedad y maldición gracias a que tú fuiste juzgado en mi lugar en la cruz. Nunca podré alabarte lo suficiente por haber recibido en mi lugar la maldición de mis pecados. Creo que mientras sigo mirando con atención hacia ti, mi maravilloso Salvador, recibiré mi sanidad. Amén.

SEPARADOS PARA LA VIDA Y LA SALUD

Pero ustedes son linaje escogido, real sacerdocio, nación santa, pueblo que pertenece a Dios, para que proclamen las obras maravillosas de aquel que los llamó de las tinieblas a su luz admirable.

—1 Pedro 2.9, NVI

A algunas personas las desanima la palabra «santa» cuando hablamos de la Santa Cena. Les suena a algo anticuado e incluso irrelevante. Pero ¿sabías que «santo» significa simplemente ser «apartado para Dios»[1] y *fuera de lo común*? Esto nos habla de la naturaleza especial de la Santa Cena. Cada vez que participas de la Santa Cena, permites que el Señor te separe del mundo ¡y le permites tener un tiempo privado de intimidad y Santa Cena contigo! Mira lo que Dios hizo por los hijos de Israel cuando llegaron las plagas a la tierra de Egipto. Declaró:

Y aquel día yo apartaré la tierra de Gosén, en la cual habita mi pueblo, para que ninguna clase de moscas haya en ella, a fin de que sepas que yo soy Jehová en medio de la tierra. Y yo pondré redención entre mi pueblo y el tuyo. (Éx 8.22–23)

De la misma manera, cuando tienes una visión divina del poder y el significado de la Santa Cena, el Señor mismo te pone aparte y establece una diferencia entre tú y la gente del mundo. Eso significa que *no eres* como la gente del mundo. Esto significa que puede ser común que la gente del mundo se contagie de la «gripe común», o que las personas de una determinada franja de edad sufran ciertos síntomas o desarrollen ciertas enfermedades. Pero no tienes por qué aceptar ninguna dolencia «común», ya que Dios te ha apartado para que no seas común.

En un mundo que sufre deterioro y muerte por la enfermedad, él ha pagado el precio para que estés inusualmente sano, completo y saludable. Mientras el resto del mundo puede debilitarse con la edad, la Biblia declara que «como tus días serán tus fuerzas» (Dt 33.25), y que, incluso a una avanzada edad, puedes volver a los días de tu juventud (Job 33.25). Oro por ti en este momento: que, al aumentarse el número de tus días, aumenten también tu fuerza y tu salud, y que el Señor te haga volver a los días de tu juventud y haga que tu carne sea tierna como la de un niño. ¡Amén!

———

EL PENSAMIENTO DE HOY

En la tierra de Gosén, el pueblo de Dios estaba protegido de las diez plagas que asediaban la tierra de Egipto en los tiempos de Moisés. Dios distingue entre su pueblo y la gente del mundo. Nosotros estamos *en* este mundo, pero no somos *de* este mundo (Jn 17.14). Somos de Dios. Nosotros, los que hemos sido acercados a Dios por medio de la obra de su Hijo, podemos tener intimidad con él y disfrutar de su protección para vivir llenos de salud.

LA ORACIÓN DE HOY

Padre, gracias por apartarme del mundo para reflejar tu gloria en mi vida. Gracias porque, pase lo que pase en el mundo, puedo vivir sin temor y con una salud fuera de lo normal porque Jesús ha pagado el precio. Me acerco a ti y recibo tu fuerza, tu renovación y tu sanidad. En el nombre de Jesús, amén.

REVELACIÓN Y RELACIÓN

Hijo mío, presta atención a lo que te digo.
Escucha atentamente mis palabras.
No las pierdas de vista.
Déjalas llegar hasta lo profundo
de tu corazón,
pues traen vida a quienes las encuentran
y dan salud a todo el cuerpo.

—*Proverbios 4.20–22*, NTV

Hay algo que debes saber sobre la Santa Cena: la simple ingesta de los elementos de la Santa Cena no dará resultados.

Cuando empecé a enseñar a nuestra iglesia acerca de la Santa Cena, algunos de mis miembros simplemente les decían a sus amigos enfermos que comulgaran. Aunque entiendo sus intenciones, el simple hecho de comer el pan y beber la copa, sin una *relación* con nuestro amado Salvador, no funciona.

No puedes tomar los elementos por superstición o con la actitud de simplemente «probarlo». No puedes darles los elementos de la Santa Cena a tus seres queridos enfermos y decirles que coman así sin más. Como mencioné anteriormente, no hay nada mágico en los elementos de la Santa Cena. Si no tienes una revelación del significado de la Santa Cena, y percibes su amor en tu corazón, la Santa Cena se vuelve algo vacío. A diferencia de las dietas y los planes para ponerse en forma, que funcionan si se siguen las reglas, el poder de la Santa Cena se basa en la *revelación* de la obra redentora de Cristo y la fe en su obra consumada.

Si no tienes una revelación o careces de fe, empieza a escuchar y a ver sermones que estén llenos de Jesús. Escucha enseñanzas o lee libros sobre la Santa Cena que revelen lo que él ha hecho por ti. La Biblia nos dice que «la fe es por el oír, y el oír, por la palabra de Dios» (Ro 10.17). ¿Notaste que no dice que la fe viene por «haber oído»? Si no tienes fe, puedes hacer que la fe «venga» por oír más y más. Así que sigue escuchando y no te conformes con simplemente haber escuchado.

La traducción de este versículo en la Nueva Versión Internacional también explica que la fe viene al escuchar «la palabra de Cristo». La fe no viene al oír qué tienes que hacer para ganarte tu bendición o cómo has fallado. Viene al oírlo todo acerca de Jesús y de su abrumador amor por ti.

EL PENSAMIENTO DE HOY

Amado, el oído juega un papel muy importante en la revelación. La fe viene al oír las enseñanzas que se desprenden de la obra consumada de Jesús y el nuevo pacto de gracia. Cuanto más escuches a Jesús revelado, expuesto y señalado en las Escrituras, más fe recibirás en tu corazón para entender todo lo que la Palabra de Dios dice sobre ti para que puedas recibir tu sanidad de manos de tu amado Salvador.

LA ORACIÓN DE HOY

Padre, te pido que me reveles más y más de Jesús y de su amor mientras sigo escuchando y leyendo la Palabra de Cristo. Te agradezco que no necesite preocuparme por no tener fe porque esta vendrá cuando vea y escuche más de la belleza, gracia y bondad de Jesús revelada en tu Palabra. Gracias porque, cuando fijo mi mirada en Jesús, me son impartidos la fe y tu poder sanador. Amén.

COMPAÑERISMO ÍNTIMO

Pero la persona que se une al Señor es un solo espíritu con él.

—1 Corintios 6.17, NTV

Déjame contarte algo que le pido a Dios que llene tu corazón de tal calidez que te haga ver más y más de Jesús. La misma palabra *cena* habla de la relación que nuestro Señor desea tener con nosotros. El apóstol Pablo escribió:

> *La copa de bendición que bendecimos, ¿no es la comunión de la sangre de Cristo? El pan que partimos, ¿no es la comunión del cuerpo de Cristo? Siendo uno solo el pan, nosotros, con ser muchos, somos un cuerpo; pues todos participamos de aquel mismo pan. Mirad a Israel según la carne; los que comen de los sacrificios, ¿no son partícipes del altar? (1 Co 10.16–18)*

La palabra *comunión* en el griego original es *koinonia*, que significa «comunión, compañerismo».[1] También tiene la idea de una participación íntima, como la intimidad que comparten un marido y una esposa cuando dicen y hacen cosas que nadie más conoce. ¿No es hermoso? Cada vez que participas de la Santa Cena, es un momento de intimidad entre el Señor y tú. Es un tiempo que dedicas a recordar a tu Esposo celestial, que te amó tanto que se entregó a sí mismo por ti (Ef 5.25). Es un momento en el que corres hacia él y te pierdes en su presencia, y dejas que su perfecto amor eche fuera todo el temor que te pueda estar carcomiendo.

Él conoce los miedos secretos de tu corazón cuando te fijas en los síntomas de tu cuerpo. Conoce las cargas que te abruman cuando los doctores te hablan de las complicaciones a largo plazo, de los efectos secundarios y del coste financiero del tratamiento. Corre hacia él y echa sobre él toda tu ansiedad, todas tus preocupaciones e inquietudes, porque él cuida de ti con el más profundo afecto, y te observa con gran atención (1 P 5.7).

Cuando dedicas tiempo a tener intimidad con él y hacer memoria de él con la Santa Cena, ¿sabes lo que pasa? Te conviertes en un «íntimo partícipe» de los beneficios del cuerpo y la sangre. Así como los que comen de los sacrificios se convierten en «partícipes del altar» (1 Co 10.18), cuando comes el pan y bebes la copa, te haces partícipe de todo lo que Jesús logró en la cruz. Al beber de la copa, estás participando de la sangre de Cristo (1 Co 10.16). Al tomar el pan partido, entras en comunión con el cuerpo de Cristo, que fue partido por ti (1 Co 10.16).

EL PENSAMIENTO DE HOY

La inseguridad y el amor no pueden coexistir en la relación de intimidad real que Dios quiere tener con sus hijos. Si te sientes alejado de Dios, no podrás creer en él para recibir su gracia sanadora. Permíteme decirte que, en la Santa Cena, Jesús te invita a descubrir, probar y experimentar su amor incondicional y su poder de victoria. ¿Aceptas su invitación? Tu vida no volverá a ser la misma.

LA ORACIÓN DE HOY

Amado Señor Jesús, gracias por invitarme a experimentar tu perfecto amor, tu sanidad y tu plenitud cuando participo de la Santa Cena. Acudo a ti, mi Esposo celestial, y echo toda mi ansiedad sobre ti. Al participar hoy de la Santa Cena haciendo memoria de ti y de tu obra consumada, te doy gracias porque tu sanidad y provisión fluyen en mi cuerpo y en mi vida. Amén.

DÍA 52

COMIDA FRESCA

Así que, hermanos, teniendo libertad para entrar en el Lugar Santísimo por la sangre de Jesucristo, por el camino nuevo y vivo que él nos abrió a través del velo, esto es, de su carne...

—*Hebreos 10.19–20*

Cuando Dios proveyó el maná a los hijos de Israel en el desierto, Moisés le dijo al pueblo: «Ninguno deje nada de ello para mañana» (Éx 16.19). Cuando algunos de ellos no hacían caso a Moisés y guardaban maná para la mañana siguiente, criaba gusanos y apestaba. Esto me recuerda la ley que los hijos de Israel tenían que observar cuando traían la ofrenda de paz en acción de gracias: «Y la carne del sacrificio de paz en acción de gracias se comerá en el día que fuere ofrecida; *no dejarán de ella nada para otro día*» (Lv 7.15).

Estos dos versículos hablan de tomar el alimento fresco y no dejar que el maná o la carne del sacrificio se volvieran rancios. De la misma manera, siempre que participemos de la Santa Cena, pidámosle al Señor una nueva revelación de lo que hizo por nosotros en la cruz. No nos familiaricemos tanto con la Santa Cena que empecemos a verla como algo común y corriente. Tenemos en la mano el cuerpo partido del Hijo de Dios y bebemos de su sangre derramada.

¿Te gustaría tener una nueva revelación de la Santa Cena? En el pasaje bíblico de hoy, la Palabra de Dios nos dice que, por medio de la cruz, nuestro Señor Jesús consagró un «camino nuevo y vivo» para que nos acerquemos a Dios no con temor y temblor, sino *confiadamente*. Él dejó que desgarraran su carne para que hoy podamos tener libre acceso a nuestro amado Padre. Quiero llamar tu atención sobre el término griego que se traduce aquí como *nuevo*. Es la palabra *prosphatos*, que significa «recién sacrificado, recién matado».[1]

¿Por qué el Espíritu Santo usó aquí esta inusual palabra? Porque Dios no quiere que cada vez que participes de la Santa Cena lo hagas como si estuvieras conmemorando un acontecimiento histórico de hace mucho tiempo. La cruz trasciende el tiempo. Al participar de la Santa Cena en memoria de él, contempla a tu Señor Jesús ante ti, como si estuvieras en el Calvario. Contempla a tu Señor Jesús *recién inmolado*, cargando con todas tus enfermedades y llevando todas tus dolencias. No participes de manera ritualista, sino procura una nueva revelación de su amor que se puso de manifiesto en la cruz.

EL PENSAMIENTO DE HOY

Me encanta cuando Dios nos abre los ojos para ver de forma renovada a Jesús. Él no quiere que vivamos de las revelaciones pasadas de Jesús, porque sus misericordias son nuevas cada mañana (Lm 3.23). Cuanta más revelación tengas de su obra consumada, más fe recibirás para cualquier necesidad, incluso las que parecen imposibles. ¡Aleluya!

LA ORACIÓN DE HOY

Padre, gracias por el camino nuevo y vivo que el Señor Jesús me abrió para acercarme confiadamente a ti. Al participar de la Santa Cena, ayúdame a verlo recién sacrificado, cargando con todas mis enfermedades y dolores. Creo que el poder de la cruz trasciende el tiempo, y que tú estás haciendo que los beneficios de la cruz —sanidad, restauración, favor y provisión— fluyan en mi vida ahora mismo. Amén.

SANIDAD DE CADA DÍA

Puestos los ojos en Jesús, el autor y consumador de la fe, el cual por el gozo puesto delante de él sufrió la cruz, menospreciando el oprobio, y se sentó a la diestra del trono de Dios.

—Hebreos 12.2

Permíteme compartir el poderoso testimonio de Carey, de Kentucky. Escribió acerca de cómo el Señor le mostró que la provisión de su sanidad se renovaba cada día:

> *Abandoné un matrimonio abusivo de doce años, y mis hijos viven con mi exmarido. Solo puedo verlos dos veces al año porque vivo a doce horas de distancia. Después de mi última visita para verlos, el año pasado, caí en una profunda depresión. No podía levantarme de la cama y dormía hasta veinte horas al día. Los medicamentos no me ayudaban. Perdí veintiséis kilos en cinco meses porque no podía comer.*
>
> *Pastor Prince, he estado escuchando sus sermones sobre la Santa Cena, algunos días durante literalmente las veinticuatro horas. Los dejo sonando mientras duermo y los escucho en las pocas horas en que estoy despierta. La revelación que recibí sobre la Santa Cena me ha ayudado a salir de esta oscuridad y esta depresión tan profundas. Como el maná que caía nuevo cada día para los hijos de Israel, Dios me mostró que su pan de cada día era mi sanidad de cada día, no para ayer o mañana, sino para hoy.*

Dios me dijo que lo mismo sucede con la Santa Cena. Que hoy él suple toda mi sanidad por medio de los elementos del pan y el jugo, las cosas sencillas que representan lo que su Hijo hizo por mí en la cruz. Cuando llegue mañana, me dará un nuevo pan y una nueva sanidad para ese día. Así que empecé a tomar la Santa Cena todos los días, sobre todo cuando pasaba por momentos muy oscuros.

Y aquí estoy, libre de depresión. Dios ha restaurado la esperanza en mi vida. Entender mejor la Santa Cena me ha dado esperanza y me ha mostrado que sin Jesús la esperanza es solo una palabra vacía. ¡Alabado sea Dios por su revelación!

¿Acaso no amas a Jesús? ¿No encuentras una gran seguridad en saber que tu salud y tu sanidad se basan en una relación íntima con un Salvador vivo? ¿No te sientes firme y seguro sabiendo que él lo ha hecho todo por ti y que lo que a ti te corresponde es simplemente mirar a él y recibir mediante la Santa Cena su obra consumada? Hay muchas cosas más que quiero compartir contigo y que sé que te bendecirán y llenarán tu corazón de fe para recibir de él.

EL PENSAMIENTO DE HOY

Permíteme animarte a no leer este libro con prisas. No avances tan solo por tener más información acerca de la Santa Cena. No dejes que este libro te hable solo a tu cabeza. Le pido a Dios que recibas una revelación de Jesús que haga arder tu corazón dentro de ti (Lc 24.32). Tómate un tiempo para adorar al Rey de reyes y Señor de señores. Dedica tiempo a cantarle salmos, himnos y cánticos espirituales (Ef 5.18–19). Al adorarlo, él liberará su nuevo poder sobre ti para curarte, liberarte y darte victoria. ¡Aleluya!

LA ORACIÓN DE HOY

Señor Jesús, gracias por la profunda certeza de que mi salud y mi sanidad se basan en mi relación contigo. Gracias porque puedo fijar mis ojos en ti por medio de la Santa Cena y volver una y otra vez a lo que hiciste por mí en la cruz. Descanso en tu obra consumada, y creo que estás liberando un nuevo poder en mi cuerpo y sobre mis circunstancias para sanar, liberar y darme la victoria. Amén.

COMPLETAMENTE CUBIERTO, SIN EXCLUSIONES

Gracia y paz os sean multiplicadas, en el conocimiento de Dios y de nuestro Señor Jesús. Como todas las cosas que pertenecen a la vida y a la piedad nos han sido dadas por su divino poder, mediante el conocimiento de aquel que nos llamó por su gloria y excelencia, por medio de las cuales nos ha dado preciosas y grandísimas promesas, para que por ellas llegaseis a ser participantes de la naturaleza divina, habiendo huido de la corrupción que hay en el mundo a causa de la concupiscencia.

—2 Pedro 1.2–4

DÍA 54

TODAS LAS ENFERMEDADES
DE TODAS LAS PARTES

Y aquella noche comerán la carne asada al fuego, y panes sin levadura; con hierbas amargas lo comerán. Ninguna cosa comeréis de él cruda, ni cocida en agua, sino asada al fuego; su cabeza con sus pies y sus entrañas.

—*Éxodo 12.8–9*

Gracias por acompañarme hasta aquí y darme el privilegio de compartir contigo sobre un Dios que te ama tanto que entregó a su Hijo para pagar el precio de tu sanidad. Pero tal vez te has preguntado si hay exclusiones y condicionantes para el poder sanador de Dios a través de la Santa Cena. Quiero asegurarte que *no hay exclusiones* de ninguna clase en la obra terminada de Cristo. Su cobertura es total y lo incluye todo, ¡y están cubiertas *todas* las enfermedades!

Anteriormente, te mostré las instrucciones de Dios sobre cómo participar del cordero de Pascua, y quiero subrayar otra importante verdad de los versículos citados. ¿Por qué Dios mencionó específicamente que el cordero debía asarse con su cabeza, pies y entrañas? Creo que él quiere que veas que Jesús, tu Cordero Pascual, llevaba *todas* las enfermedades de *todas* las partes de tu cuerpo. *No* hay ningún trastorno, lesión o dolencia que él no hubiera llevado en su propio cuerpo en la cruz.

Los israelitas habían vivido bajo la agobiante y cruel opresión de sus patrones y el horror del infanticidio. Quizás algunos de ellos sufrieron de estrés postraumático o tuvieron ataques de pánico recurrentes. Tal vez algunos tenían dolor crónico e incapacidades físicas por haber sido tratados brutalmente por sus patrones. Pero, sea cual sea la enfermedad que hubieran sufrido, creo que se curaban al comer la cabeza, pies y entrañas asadas del cordero.

Sea cual sea el mal que sufras en cualquier parte de tu cuerpo, quiero que sepas que Jesús cargó con todas las enfermedades en la cruz. Aunque Dios les indicó a los hijos de Israel que comieran específicamente la cabeza del cordero de la Pascua con sus extremidades y entrañas, se asaba el cordero *entero*. Esto significa que no importa con qué enfermedad estés luchando hoy, Jesús la cargó sobre sí.

A ti te corresponde seguir participando del canal de salud divina que Dios te ha concedido hasta que veas la manifestación de tu victoria. Tu parte consiste en alzar tus manos hacia él y decir: «Señor Jesús, recibo tu sanidad. Por las heridas que te hicieron, cada parte de mi cuerpo, cada célula, cada órgano, está curado y funciona de la mejor manera. Gracias, Jesús, por tu sanidad».

EL PENSAMIENTO DE HOY

Aunque te hayan dado un diagnóstico muy desalentador y tus posibilidades de recuperación sean muy escasas desde el punto de vista natural, Dios puede sanarte. No te rindas. Sigue creyendo. Independientemente de lo que la ciencia médica o los doctores hayan dicho, el nombre de Jesús está muy por encima y es más poderoso que cualquier enfermedad o dolencia. Nada es demasiado difícil para el Señor (Jer 32.27).

LA ORACIÓN DE HOY

Señor Jesús, gracias por ser el Cordero Pascual de Dios que quitó mi pecado y llevó todas las dolencias de todas las partes de mi cuerpo en la cruz. Gracias porque no hay enfermedad, lesión o dolencia que no quede cubierta por tu obra consumada. Creo que no hay nada demasiado difícil para ti. Descanso en ti y recibo mi sanidad ahora. Amén.

COMPLETAMENTE RESTAURADO

Él restaura mi alma.

—*Salmos 23.3*, LBLA

Jesús, nuestro Cordero de la Pascua, asumió cualquier afección de cualquier parte de tu cuerpo y quiere que te sanes de ella. Quiero que medites en cómo él soportó esos males para que tú estés perfectamente libre de ellos (Mt 8.17). Por ejemplo, si un ser querido o tú tienen un mal neurológico, como migrañas crónicas, encefalitis, meningitis, demencia, o están sufriendo los efectos de un derrame cerebral, contemplen el cerebro de su Salvador afligido por ese mal en la cruz cuando participan de la Cena del Señor.

Permíteme compartir contigo otro poderoso testimonio de sanidad de la enfermedad de Alzheimer que me envió Paula, de Texas:

Mi madre estaba destrozada por la enfermedad de Alzheimer. Estaba tan deteriorada que no reconocía a sus familiares. Mis padres viven conmigo, así que podía ver las luchas y dificultades que viven a cada momento. Era una existencia muy desgraciada para ella y para los que tratamos de cuidarla. Había momentos en los que extrañaba a mi madre y deseaba verla bien de nuevo.

Entonces, un día, mi hermana compartió conmigo un testimonio de alabanza después de seguir su enseñanza sobre la Santa Cena, así que empecé de inmediato a tomar la Santa Cena con mi madre. Ella se fue a la cama la tercera noche después de recibir la

Santa Cena y se despertó al día siguiente con un aspecto diez años más joven. Estaba haciendo de nuevo todas las cosas que había olvidado hacer. Ahora recuerda quiénes somos. Ha dejado de repetirse, algo que solía hacer constantemente, y ahora es una alegría estar con ella. ¡Jesús ha sanado su mente y la ha liberado!

Seguimos regocijándonos por su regreso. Le he preguntado sobre su experiencia y lo único que podía decir era que estaba perdida y atrapada, pero que eso ya ha pasado. Nada es demasiado grande para la obra consumada de Cristo Jesús y lo alabo por ello. ¡Ha liberado a mi madre!

¡A Dios sea toda la gloria y toda la alabanza! Al ir entrando en una edad avanzada, no aceptes la mentira de que te volverás más olvidadizo. Cuando el salmista escribió que Dios «restaura mi alma», usó la palabra *nephesh* para *alma*. *Nephesh* incluye tu vida, tus emociones y también tu mente.[1] Incluso si has experimentado algún proceso degenerativo en esta área, el Señor puede restaurar. Y, cuando el Señor restaura, su restauración supera siempre al original en calidad.

———

EL PENSAMIENTO DE HOY

El mundo dice que, conforme se acumulan tus días y envejeces, tu fuerza disminuye. Pero la Palabra declara: «Como tus días serán tus fuerzas» (Dt 33.25). ¿A quién vas a creer? Sigue participando de la Cena del Señor y contémplate siendo partícipe de la mente de Cristo. ¡Declaro en el nombre de Jesús que tu mente está cada vez más sana!

LA ORACIÓN DE HOY

Padre Celestial, gracias porque no hay ninguna enfermedad ni afección que sea demasiado grande para la obra consumada de tu Hijo. Gracias porque, cada vez que vengo a ti, tú restauras mi cuerpo, mis emociones y mi mente. Voy a seguir participando de la Santa Cena y declarando que mi cuerpo y mi mente están cada vez más sanos. Como mis días serán mis fuerzas. En el nombre de Jesús, amén.

LIBERADO DE TUS CADENAS

¡Maldita será la tierra por tu culpa! Con penosos trabajos comerás de ella todos los días de tu vida. La tierra te producirá cardos y espinas, y comerás hierbas silvestres. Te ganarás el pan con el sudor de tu frente.

—*Génesis 3.17–19,* NVI

Antes de que Jesús fuera herido por nuestras enfermedades, la Biblia dice que en el huerto de Getsemaní estaba sufriendo tal presión que «era su sudor como grandes gotas de sangre que caían hasta la tierra» (Lc 22.44). Creo que Jesús padeció una rara afección llamada hematidrosis, en el que una persona bajo estrés extremo suda sangre.[1]

Esto tiene importancia por lo que pasó en otro huerto, el del Edén. Los versículos de arriba nos dicen que Dios maldijo la tierra con cardos y espinas por el pecado de Adán, de manera que este tenía que trabajarla y sudar para que produjera alimentos. En otras palabras, el trabajo se volvió algo estresante para el hombre. Pero, cuando el sudor de Jesús se mezcló con su sangre redentora, él nos liberó de la maldición del estrés.

Las espinas también son una imagen de las preocupaciones de este mundo. Cuando Jesús explicó la parábola del sembrador, se refirió a las espinas como «el afán de este siglo y el engaño de las riquezas» (Mt 13.22). No es de extrañar que Jesús permitiera que le clavaran la corona de espinas en la cabeza. La próxima vez que participes de la Santa Cena, no lo hagas con prisa. Mira a tu Señor Jesús atravesado no solo por los clavos, sino también por las espinas.

Fue todo por ti. Fue todo por tu libertad. Los hijos de Israel fueron liberados de las cadenas y grilletes físicos. Hoy te declaro en el nombre de Jesús que estás liberado de las cadenas del estrés y de cualquier enfermedad inducida por él. El estrés puede provocar enfermedades cardiovasculares, trastornos alimenticios, problemas menstruales, disfunciones sexuales, problemas gastrointestinales, así como de piel y cabello.

Y, más allá de eso, recuerda que se debían comer la cabeza, pies y entrañas del cordero pascual. Eso significa que *cualquier* dolencia de tus ojos, nariz, garganta, oídos y boca fue llevada para tu sanidad. Incluye *cualquier* afección que te cause debilidad en las piernas o que afecte a tu movilidad. Y cubre *todos* tus órganos internos (las «entrañas»), y eso incluye tu estómago, intestinos, corazón, riñones, hígado, próstata y órganos reproductores.

Amigo mío, *cualquiera* que sea tu enfermedad, por mucho tiempo que te haya tenido atado —dos, diez, treinta años—, quiero que sepas y creas que Dios puede liberarte de ella. Declaro salud, sanidad, larga vida y plenitud en el poderoso nombre de Jesús. ¡Amén y amén!

EL PENSAMIENTO DE HOY

Si te enfrentas a problemas en *cualquier* parte de tu cuerpo hoy, Jesús te ha redimido completamente. Cuando participes de la Cena del Señor, míralo en la cruz herido por tu enfermedad concreta y recibe su perfecta salud en esa área. Que puedas caminar en la plenitud de todo lo que él murió para darte.

LA ORACIÓN DE HOY

Amado Señor Jesús, gracias porque tu sangre redentora me ha liberado de la maldición del estrés y de todas las afecciones relacionadas con él. Ella me ha redimido de *toda* aflicción. Al tomar la Santa Cena hoy, te veo en la cruz herido por mi sanidad, y recibo tu perfecta salud. Amén.

REDIMIDO DE TODA MALDICIÓN

Cristo nos redimió de la maldición de la ley, hecho por noso-tros maldición (porque está escrito: Maldito todo el que es colgado en un madero), para que en Cristo Jesús la bendición de Abraham alcanzase a los gentiles, a fin de que por la fe recibiésemos la promesa del Espíritu.

—Gálatas 3.13–14

Le pido a Dios que hayas tenido un vislumbre de la absoluta perfec-ción de su obra consumada en la cruz, y de cuánto te ama, al haber soportado todas las enfermedades imaginables sobre su cuerpo para que tú *no* tengas que sufrirlas. Pero no he terminado de mostrarte cómo puedes acudir a la cruz para *cualquier* dolencia o problema de salud. El texto de hoy dice que nuestro Señor Jesús nos redimió de *toda* maldición de la ley para que pudiera caer sobre nosotros la bendición de Abraham.

Deuteronomio 28 contiene una lista de maldiciones muy larga y detallada, y quiero centrarme en las que se refieren a enfermedades y dolencias de las que Jesús nos ha redimido a ti y a mí:

- Tisis (enfermedades que deterioran los pulmones), fiebre e inflamación (Dt 28.22)
- Llagas purulentas, tumores, escorbuto, «picazón incurable» (Dt 28.27, NTV)
- Locura, ceguera y pánico (Dt 28.28, NTV)

- Pústula maligna incurable (Dt 28.35)
- Plagas grandes y permanentes, y enfermedades malignas y duraderas (Dt 28.59)

Cristo te ha redimido de *todas y cada una* de las enfermedades y dolencias aquí mencionadas. Y, si piensas que tu mal en particular no está del todo cubierto, la Biblia prosigue mencionando «todos los males de Egipto» (Dt 28.60). Egipto representa el mundo. Como pueblo de Dios, no tenemos que temer las enfermedades que sufre el mundo porque él nos ha sacado del mundo, y ahora, aunque podemos estar *en* el mundo, no somos *de* este mundo (Jn 17.11, 14).

No solo eso. También incluye «toda enfermedad y toda plaga que no está escrita en el libro de esta ley» (Dt 28.61).

¡Aleluya! ¿Puedes ver que *todas* las enfermedades y *todas* las dolencias forman parte de la maldición de la ley y que Cristo nos ha redimido de *toda* maldición? Dios desea tanto tu bendición física que, así como puso todos tus pecados en el cuerpo de Jesús, también puso todas tus enfermedades en su cuerpo. Dios te ama tanto que permitió que su propio Hijo *fuera hecho* maldición para que tú pudieras ser redimido de la maldición de la ley.

Eso no significa que el enemigo no intente imponer los síntomas de la maldición en tu vida. Pero, cuando el enemigo intente provocarte un síntoma de la maldición, puedes rechazarlo. Niégate a aceptarlo. ¡Ya has sido redimido de ese síntoma en el nombre de Jesús!

EL PENSAMIENTO DE HOY

¿No te alegras de que Cristo te haya redimido de la maldición de la ley? Ya no hay más juicio, castigo ni maldición de enfermedad para ti porque el juicio, el castigo y la maldición completos por todos tus pecados cayeron sobre nuestro Señor Jesús en la cruz. Él lo ha pagado todo.

LA ORACIÓN DE HOY

Padre, gracias porque tu Palabra eterna afirma que toda maldición y pena por mis pecados cayó sobre el cuerpo de Jesús en la cruz. Gracias porque él nos ha redimido de todas las enfermedades que afligen al mundo. En el nombre de Jesús rechazo cualquier síntoma de la maldición y creo que por sus heridas soy sanado. Amén.

ÉL PUEDE ABRIR UN CAMINO

Y Moisés dijo al pueblo: No temáis; estad firmes, y ved la salvación que Jehová hará hoy con vosotros; porque los egipcios que hoy habéis visto, nunca más para siempre los veréis. Jehová peleará por vosotros, y vosotros estaréis tranquilos.

—*Éxodo 14.13–14*

Es probable que yo no entienda del todo las circunstancias por las que estás pasando o la intensidad de tu desesperación al ver a tu ser querido luchando por su vida. Pero esto es lo que sé: Dios *te* ama más de lo que puedas comprender, y *puede* abrirte un camino incluso cuando parece que no lo hay.

Éxodo 14 narra cómo los hijos de Israel se creyeron sentenciados cuando el poderoso ejército egipcio se les acercaba. Parecía inevitable que o los masacraban los egipcios o perecían sepultados en el mar Rojo. Pero lee lo que les dijo Moisés en los versículos de arriba. Entonces Dios abrió el mar, y los hijos de Israel «fueron por en medio del mar, en seco» (Éx 14.29). Pero Dios no se detuvo ahí. Hizo que el mar recuperara su profundidad total mientras las temibles tropas de Faraón seguían persiguiéndolos, y me encanta cómo lo explica la Biblia: «No quedó de ellos ni uno» (Éx 14.28).

Querido amigo, tu ser querido o tú quizás se estén enfrentando a una situación médica desalentadora y aparentemente imposible. Tu desasosiego y tus lágrimas no pueden cambiar la situación, pero hay Uno que sí puede. No tengas miedo. Mantente firme y ve la salvación del Señor. *Él* peleará por ti. *Él* vencerá a tus enemigos por ti. No sigas preguntando *por qué* padeces esa enfermedad. No aceptes la enfermedad ni creas la mentira de que mereces estar enfermo por el mal que has hecho. El Señor Jesús *ya* ha pagado el precio por tu plena salud. Tú solo pon tu mano en la suya y deja que te guíe a través de tu situación.

Él hará que camines por tierra firme en medio del mar. Los diagnósticos, estadísticas y síntomas negativos que ves pueden hablar de una situación sin salida, pero Dios *abrirá* un camino que dejará perplejos a todos los que te rodean. El mar Rojo donde pensaste que te ahogarías se convertirá en la sepultura de tus enemigos. Puede que hoy veas esos síntomas opresivos, ¡pero no los verás *nunca más*!

Te veo ya sin migrañas. Sin inflamación en las articulaciones. Sin esa fatiga discapacitante. Sin ese pronóstico negativo sobre el bebé que llevas dentro. Sin sangre en la orina. ¡No quedará nada de eso!

———

EL PENSAMIENTO DE HOY

Aun cuando los expertos hayan dicho que solo te quedan meses o incluso días de vida, Dios puede abrir un camino. En la cara misma de la muerte, levanta el pan y declara que con cada laceración que rasgó la carne de nuestro Señor Jesús se marchan tus síntomas y afecciones. Levanta la copa y proclama que su sangre te da vida. Aunque hayas estado sometido a interminables rondas de tratamiento y medicación desde que tienes memoria, su obra consumada puede abrir un camino para que recibas tu milagro.

LA ORACIÓN DE HOY

Señor Jesús, gracias porque quieres que yo descanse mientras tú peleas mis batallas y vences a todos los enemigos. Gracias por pagar el precio de mi plenitud y darme la victoria sobre situaciones aparentemente imposibles. Tomaré tu mano y dejaré que me guíes a través de mis circunstancias hasta el punto en que nunca más vea los síntomas de opresión. Amén.

AFÉRRATE A LAS PROMESAS DE DIOS

He aquí que todos los que se enojan contra ti
serán avergonzados y confundidos;
serán como nada
y perecerán los que contienden contigo.
Buscarás a los que tienen contienda contigo,
*   y no los hallarás;*
serán como nada,
y como cosa que no es,
aquellos que te hacen la guerra.
Porque yo Jehová soy tu Dios,
quien te sostiene de tu mano derecha, y te dice:
No temas, yo te ayudo.

—Isaías 41.11–13

Permíteme compartir contigo un testimonio que creo que te será de mucho ánimo. A uno de mis líderes le diagnosticaron la enfermedad de Menière, cuando de repente sufrió unos ataques de vértigo intenso que lo incapacitaron durante horas. Cada vez que le daba uno de esos ataques de vértigo, le entraban arcadas y se ponía a vomitar sin control. También experimentaba regularmente síntomas de tinnitus, todos los sonidos de su alrededor se magnificaban o distorsionaban y no podía oír lo que la gente le decía.

Era algo aterrador, porque los ataques eran repentinos e impredecibles y podían venirle mientras conducía, y lo dejaban con arcadas y vómitos hasta quedar exhausto. Se sentía como si estuviera atrapado en las agitadas aguas de una violenta tormenta. Sus médicos le dijeron que, aunque podían recetarle medicamentos para controlar los síntomas, no había cura para su enfermedad. De hecho, era probable que empeorase.

Entonces, un día, el Señor lo guio hasta el pasaje de Isaías 41. Dijo: «Cuando Dios me dio esta palabra, seguí meditando en ella y la mantuve en mi espíritu. Las palabras "serán [...] como cosa que no es" me saltaban a la vista, y yo *sabía* que ya lo tenía. Estaba sanado».

No vio la plena manifestación de su sanidad al instante, pero tenía fe en que ya estaba curado *por la palabra que recibió*. La fe es la certeza de las cosas esperadas, «la convicción de lo que no se ve» (Heb 11.1). Así que, incluso antes de ver la realidad, *sabía* que estaba curado.

Continuó participando de la Santa Cena con regularidad, pero ya no lo hacía con el miedo de que los síntomas lo debilitaran cada vez más. Al contrario, participaba sabiendo que *ya* estaba sanado y, después de algún tiempo, «dejé por completo de experimentar los síntomas». En el momento de escribir esto, lleva más de un año completamente libre de síntomas. ¡Toda la gloria a nuestro amado Salvador!

Isaías 41.11–13 es un pasaje muy poderoso para meditar si te enfrentas hoy a los enemigos de la enfermedad y las dolencias. ¿No te recuerda lo que el Señor hizo por los hijos de Israel cuando les abrió el mar Rojo cuando parecía que todo estaba perdido? El Señor no hace acepción de personas. Pon tu confianza en él. Dios puede abrirte un camino cuando parece que no lo hay. Si lo hizo por los hijos de Israel, y lo hizo por el hermano de mi iglesia, también puede hacerlo por ti.

———

EL PENSAMIENTO DE HOY

Incluso antes de dejar de experimentar síntomas, el hermano tuvo fe en que ya estaba curado *por la palabra que recibió*. Pero peleó todas las batallas de miedo e incredulidad armado con ese versículo del Señor, y eso es lo que quiero animarte a hacer tú también. Busca promesas del Señor para ti en las Escrituras y aférrate a ellas, porque su Palabra es vida para el que la halla, y medicina para todo su cuerpo (Pr 4.22).

LA ORACIÓN DE HOY

Padre, gracias por darme tu preciosa e inquebrantable Palabra que es vida y salud para todo mi cuerpo. Te pido que abras mis ojos a tus abundantes y poderosas promesas que hablan de lo que Jesús logró en la cruz. Creo que, al recibir tus promesas y aferrarme a ellas, desaparecerán todos los síntomas de enfermedad en mi cuerpo. Amén.

LA PALABRA DE DIOS TRAE VIDA Y SANIDAD

Envió su palabra, y los sanó,
Y los libró de su ruina.

—Salmos 107.20

He recibido muchos otros testimonios de sanidad en los que personas muy valiosas fueron sanadas al aferrarse a promesas concretas para ellos en la Biblia. Hace algunos años, prediqué sobre 1 Juan 4.17, que dice: «Pues como él es, así somos nosotros en este mundo». Nuestro Señor Jesús llevó nuestros pecados y enfermedades sobre su cuerpo en la cruz, y se levantó de la tumba sin ellos. Esto significa que, así como Jesús está sin ninguna enfermedad, así estamos nosotros en este mundo.

La semana siguiente, una señora de mi iglesia recibió los resultados de una mamografía, que mostraban que había un bulto en su seno. Sus doctores le dijeron que volviera esa tarde para hacerle una biopsia. Su respuesta fue escribir en su informe médico: «Como Jesús es, así soy yo en este mundo. Señor Jesús, ¿tú tienes bultos en el pecho?». Luego oró: «Señor, como eres tú, que estás libre de bultos, *así soy yo en este mundo*». Nada más. Fue una sencilla oración.

Cuando acudió a la consulta, los doctores la revisaron una y otra vez, ¡pero no pudieron encontrar ningún bulto, ni podían explicar cómo había desaparecido el bulto así sin más! No necesitamos saber cómo; solo necesitamos saber quién. Fue nuestro Jesús quien la sanó. ¡Aleluya!

He recibido testimonios de muchas otras personas preciosas que se animaron con el testimonio de alabanza de esta señora. Se apoyaron en este mismo versículo y siguieron confesándolo sobre su propio caso hasta que recibieron su cambio de estado. Estoy convencido de que la lectura de testimonios es algo que Dios usa. Por eso la Biblia está repleta de testimonios de sanidad, para nuestro beneficio.

Para el Señor no hay sanidad demasiado grande o demasiado pequeña. Testimonios como el de la suegra de Pedro, que se curó de la fiebre (Mt 8.14–15), el del hombre con la mano seca (Mt 12.9–13), el de la mujer que llevaba dieciocho años encorvada y no podía estar erguida (Lc 13.11–13), quedaron registrados para nosotros. Hay testimonios de alabanza de ciegos sanados (Jn 9.1–7; Mr 8.22–25; Lc 18.35–43; Mt 9.27–30), de oídos sordos abiertos (Mr 7.32–35) y de mudos que hablaron (Mt 9.32–33). Hay testimonios de personas que murieron y fueron devueltas a la vida (Jn 11.1–44; Mr 5.35–42).

También en el Antiguo Testamento hay relatos de sanidades. Naamán fue curado de la lepra (2 R 5.1–14). Ezequías tenía una enfermedad terminal y le dijeron que no se recuperaría, pero Dios lo sanó y le alargó la vida quince años (2 R 20.1–7). Y estos son solo algunos de los muchos testimonios que quedaron registrados en la Palabra de Dios para nosotros.

Querido amigo, quiero que sepas que esta puede ser también tu historia y tu testimonio. Lo que el Señor hizo por ellos, puede hacerlo y lo hará por ti. La sanidad que Jesús tiene para ti se apoya en los cimientos de su palabra inmutable. Deja que su sanidad y su plenitud se manifiesten hoy en tu vida mientras anclas tu corazón en sus promesas, en su obra perfecta y en su gracia.

EL PENSAMIENTO DE HOY

Sea lo que sea lo que estés enfrentando hoy, deseo que los testimonios de este libro te hagan tener fe. Nuestro Señor Jesús dijo a sus discípulos que, si tenían fe como un grano de mostaza, nada les sería imposible (Mt 17.20). ¿Sabes lo pequeño que es un grano de mostaza? Es literalmente un puntito. ¡Y eso es todo lo que necesitas!

LA ORACIÓN DE HOY

Padre, gracias por enviar tu Palabra y traer sanidad y liberación. Gracias por cada testimonio de diferentes personas y por la abundancia en tu Palabra de testimonios de alabanza sobre sanidades de todo tipo que me muestran que es tu voluntad que yo esté completamente sano y bien. Que tu Palabra comience a formar abundantes depósitos de fe en mí. En tus promesas y en tu amor por mí arraigo mi fe para mi sanidad. Amén.

POR LA PALABRA DEL TESTIMONIO DE ELLOS

Y ellos le han vencido por medio de la sangre del Cordero y de la palabra del testimonio de ellos, y menospreciaron sus vidas hasta la muerte.

—*Apocalipsis 12.11*

A lo largo de los años, han llegado a la oficina de nuestro ministerio innumerables testimonios de personas que fueron sanadas al seguir participando por fe de la Santa Cena. Una mujer nos escribió un detallado relato de cómo su padre, que había estado en cuidados intensivos al borde de la muerte, mejoraba cada vez que participaban de la Santa Cena por él. Comenzó con la recuperación parcial de sus funciones renales, luego se estabilizaron su ritmo cardíaco y su presión sanguínea, y luego pudo respirar sin asistencia. Finalmente, le dieron el alta y pudo celebrar su ochenta y seis cumpleaños en su restaurante favorito. Hasta su doctor admitió que su recuperación fue un milagro.

Llegaron varios testimonios de personas que se curaron de cáncer. Un hermano que sufría una inflamación encefálica y tenía muy pocas posibilidades de sobrevivir fue curado. Otra persona testificó de haber dado a luz a un bebé sano sin síndrome de Down, aunque le habían diagnosticado al bebé este trastorno genético. Otra persona contó que había sufrido un dolor constante al romperse la cadera y se curó. Un bebé que nació diez semanas antes de tiempo y que padecía múltiples problemas de salud se sanó. Hubo quienes se curaron de severos ataques de ansiedad, depresión profunda y trastornos del sueño. Hubo testimonios de personas que se curaron de lupus, asma, enfermedades de la piel, tumores, dolores gástricos y muchas otras dolencias.

Amigo mío, Jesús es el mismo ayer, hoy y siempre, y sigue sanando hoy. No importa cuál sea tu problema de salud. Él puede sanarte. La Santa Cena no es un truco, no es un ritual, no es una costumbre sentimental. Es la mayor expresión del amor de Dios. Cuando participas del pan con esta revelación, liberas tu fe para recibir tu salud y plenitud en lugar de tus enfermedades y dolencias. Cuando bebes la copa, se te recuerda que la sangre del santo Hijo de Dios no solo te trajo el perdón, sino que también te hizo eternamente justo, santo y sin mancha. Así que hoy tienes una posición perfecta ante el Padre, y sus oídos están atentos al más leve de tus suspiros.

Tal vez no tienes fe para creer que tu problema de salud desaparecerá inmediatamente. ¿Pero puedes tener fe para creer que Dios te ama de verdad? ¿Que realmente es tan bueno como la Palabra dice que es? Entonces, comencemos por ahí. Creo que, cuanto más leas los testimonios de su bondad y fidelidad y cuanto más te sumerjas en escuchar acerca de Jesús y su obra consumada, más fe tendrás en tu sanidad.

EL PENSAMIENTO DE HOY

Si tienes fe en Dios para un cambio, puedes cobrar aliento con los muchos más testimonios de alabanza que hay en nuestra página web: JosephPrince.com/eat. Creo que al participar de la Santa Cena de todo corazón recibiendo el amor del Señor, tú también tendrás un testimonio impresionante que compartir. Cuando recibas tu cambio para bien, por favor, envíame tu testimonio de alabanza a través del formulario de JosephPrince.com/eat. Tu testimonio iluminará la fe de otros en sus avances.

LA ORACIÓN DE HOY

Señor Jesús, gracias porque eres el mismo sanador ayer, hoy y por siempre. Recibo tu amor por mí al participar de la Santa Cena. Recibo tu salud y tu plenitud en el lugar de mis enfermedades. Me has hecho eternamente justo, y vengo confiadamente a ti para recibir mi sanidad. Amén.

¡NO TE RINDAS!

Hubiera yo desmayado, si no creyese
que veré la bondad de Jehová
en la tierra de los vivientes.
                    —*Salmos 27.13*

DÍA 62

¿HASTA CUÁNDO?

¿Hasta cuándo, Jehová? ¿Me olvidarás para
siempre?
¿Hasta cuándo esconderás tu rostro de mí?
¿Hasta cuándo pondré consejos en mi alma,
Con tristezas en mi corazón cada día?
¿Hasta cuándo será enaltecido mi enemigo
sobre mí?

—*Salmos 13.1–2*

Espero que hayas tenido la oportunidad de leer algunos de los testimonios en nuestra web, en JosephPrince.com/eat. ¿No te alegra que tengamos un Dios de milagros y que siga sanando, salvando y liberando hoy?

Pero tal vez llevas algún tiempo participando de la Santa Cena y parece que no pasa nada. Tal vez estés cansado de escuchar los testimonios de los demás porque no puedes evitar pensar: *¿Y yo qué, Señor? ¿Te has olvidado de mí? ¿Cuándo voy a recibir mi sanidad? ¿Cuánto tengo que esperar?*

Querido amigo, quiero que sepas que está bien que clames al Señor y le preguntes: «¿Hasta cuándo, Señor?». Eso es lo que hizo el salmista David en los versículos de arriba, y podemos leer las palabras que le vertía al Señor en su angustia.

Dios te ama y se preocupa por ti. Él conoce el desaliento que te abruma cuando sientes que el enemigo de la enfermedad te ha dominado por tanto tiempo y Dios parece tan lejano. Él no se sorprende cuando expresas tales pensamientos. Quiere que corras hacia él incluso cuando tienes esos pensamientos. Dios sabe exactamente por lo que estás pasando y la desesperación que parece aplastarte. Tú llévaselo todo al Señor, pero no te quedes en ese lugar de desánimo.

Continúa leyendo lo que escribió David. El salmo 13 termina diciendo: «Mas yo en tu misericordia he confiado; mi corazón se alegrará en tu salvación. Cantaré a Jehová, porque me ha hecho bien» (Sal 13.5–6).

Mas...

Una palabra breve que marca toda la diferencia.

Quizás sientas que la desesperanza te supera, *pero* no te rindas. En el hebreo original, la palabra que el salmista David usó para *misericordia* es *hesed* (gracia), mientras que la palabra *salvación* es *yeshúa*. Sigue confiando en su gracia. Mantén tus ojos en tu *Yeshúa*, tu Jesús. Tu salvación, es decir, tu bienestar, liberación y victoria, se encuentra en él.

EL PENSAMIENTO DE HOY

Hablando con el Señor y pasando tiempo en su presencia, descubrirás que él no te da la respuesta; él *es* la respuesta. En la cruz, él adquirió para nosotros el regalo de la vida eterna y la sanidad, pagadas con su cuerpo y su sangre. Sea cual sea la salvación o la sanidad que necesites, Jesús es la respuesta.

LA ORACIÓN DE HOY

Amado Señor Jesús, gracias por ser mi *Yeshúa*, mi segura salvación, mi libertador y mi sanador. Gracias porque oyes el clamor de mi corazón y porque tu gracia ha comprado mi salvación y mi sanidad. Aunque mis circunstancias externas no parezcan cambiar, yo declaro que tú eres la respuesta, y confiaré en ti. Amén.

MOMENTOS DE *SELAH*

¡Oh Jehová, cuánto se han multiplicado
mis adversarios!
Muchos son los que se levantan contra mí.
Muchos son los que dicen de mí:
No hay para él salvación en Dios. Selah
Mas tú, Jehová, eres escudo alrededor de mí;
Mi gloria, y el que levanta mi cabeza.

—*Salmos 3.1–3*

Al leer lo que le sucedió a David cuando clamó a Dios en estos versículos, fíjate en el *selah* del salmo. En los salmos de David encontrarás esos «momentos de *selah*». Significan que David hacía una pausa... y escuchaba.

En esos momentos, David apartaba los ojos de sus problemas y miraba a su Dios. En esos momentos, creo que volvía a recordar que no tenía que pelear él sus batallas porque el Señor de los ejércitos peleaba por él (1 S 17.45–47). Volvía a recordar al Dios que lo había liberado de la garra del león y del oso, el Dios que venció a Goliat sin espada ni lanza. Y, mientras miraba al Señor, se fortalecía en él (1 S 30.6), y fue entonces cuando las cosas empezaron a cambiar.

El cambio se produjo cuando dejó de fijar la mirada en sus dolorosas y terribles circunstancias y se dejó absorber por la *gracia* del Señor, cuando hizo una pausa y entró en sintonía con aquello a lo que el Señor le estaba animando en su interior. Creo que, en esos momentos de meditación sobre la bondad y la misericordia de Dios, escuchó al Señor decirle:

«David, ¿por qué te preocupa que toda esta gente venga contra ti? *Yo soy tu escudo. Yo soy tu gloria y el que levanta tu cabeza»*. Eso fue lo que marcó para David el punto de inflexión en la situación. El consuelo de Dios le llegó a David cuando eligió *selah*.

¿Te parece que tus enemigos se han multiplicado y se están levantando muchos contra ti? ¿Has estado recibiendo un diagnóstico negativo tras otro? Tal vez, al examinarte, los médicos encontraron más cosas preocupantes, cosas de las que no eras consciente hasta entonces. Y ahora tienes el corazón cargado porque sientes que tal vez ni siquiera Dios puede ayudarte.

En momentos como este, haz lo mismo que David: *selah*. Haz una pausa y elige correr hacia el Señor en presencia de tus enemigos.

Cuando David volvió al salmo, sus enemigos seguían ahí. Pero podía levantarse y declarar: «Mas tú, Jehová, eres escudo alrededor de mí; mi gloria y el que levanta mi cabeza».

En tus momentos de *selah* con el Señor, encontrarás tu punto de inflexión y la victoria. No te desanimes. No huyas de él. Corre *hacia* él y adórale.

EL PENSAMIENTO DE HOY

Si no sabes por dónde empezar en tu adoración al Señor, ¿puedo invitarte a unirte a nosotros? Como iglesia tuvimos una experiencia poderosa, íntima y liberadora adorando con los salmos de David, y nos encantaría que tú también la tuvieras. Puedes hacerlo visitando JosephPrince.com/eat. ¡Exalta al Señor y su *hesed* (gracia) en lugar de magnificar tus problemas, y observa cómo trae victoria a tu situación!

LA ORACIÓN DE HOY

Glorioso Señor Jesús, gracias por este momento de *selah* en el que puedo acudir a ti y adorarte. Gracias porque eres mi escudo, mi gloria y el que levanta mi cabeza por encima de mis circunstancias. No hay nada demasiado difícil para ti. No hay enemigo en mi vida que no hayas derrotado ya. Yo te exalto y sé que me llevarás a la victoria. Amén.

POCO A POCO

No los echaré de delante de ti en un año, para que no quede la
tierra desierta, y se aumenten contra ti las fieras del campo.
Poco a poco los echaré de delante de ti, hasta que te multipli-
ques y tomes posesión de la tierra.

—Éxodo 23.29–30

Puedes recibir la sanidad a través de la oración de fe (Mr 11.24), y muchas veces, durante nuestros servicios, cuando fluyen los dones de sanidades hay personas que se curan instantáneamente (1 Co 12.9). Cuando la iglesia se reúne, se pone en marcha una unción corporativa porque Jesús dijo: «Porque donde están dos o tres congregados en mi nombre, allí estoy yo en medio de ellos» (Mt 18.20). Allí donde Jesús está, la muerte se convierte en vida y resurrección (Jn 11.25), la debilidad se convierte en fuerza, lo poco se convierte en mucho, y en la presencia del Señor hay plenitud de gozo y delicias para siempre (Sal 16.11).

Aunque me encantaría que todos recibieran siempre una sanidad inmediata y completa en todas las ocasiones, no tienes por qué tener una manifestación instantánea o sentir que sucede algo tangible en tu cuerpo para saber que Dios te está sanando. En el momento en que tomas la Santa Cena con fe, tu sanidad ha comenzado.

La mayoría de las personas que han enviado sus testimonios de sanidad a mi ministerio no fueron sanadas en una reunión de oración espectacular ni por la imposición de manos de un hombre o mujer de Dios. Fueron sanados gradualmente por el Señor mientras participaban del canal a través del cual nos ordenó recibir su vida y salud sobrenatural: la Santa Cena.

A veces, las enseñanzas sobre la oración de fe pueden presionarte para que creas que en cuanto oras tienes una sanidad completa. Pero la verdad es que la mayoría de nosotros no tenemos ese tipo de fe. Los dones de sanidades operan como el Espíritu quiere (1 Co 12.11), y no como quiere el hombre. Cuando se trata de la Santa Cena, no hay presión. Cada vez que participas de ella en fe, recibes una medida de sanidad, mejoras más y más.

A veces nos impacientamos y queremos que el Señor eche a todos nuestros enemigos de una vez. Lee los versículos anteriores en Éxodo 23 y contempla lo que el Señor les dijo a los hijos de Israel cuando se preparaban para entrar en la tierra prometida. *Poco a poco. Poco a poco.*

Hoy en día no nos enfrentamos a los heveos, a los heteos ni a los cananeos, como los hijos de Israel. Nuestros enemigos podrían ser la insuficiencia renal, la leucemia o la hipertensión. Sea lo que sea, no te desanimes. Los síntomas pueden seguir presentes aunque hayas tomado la Santa Cena, pero sigue participando de ella. La manifestación de tu sanidad viene de camino. El enemigo está siendo expulsado de tu vida. Puede que tu sanidad no se produzca tan rápido como te gustaría, pero se *está* produciendo. ¡Amigo mío, no te rindas!

EL PENSAMIENTO DE HOY

Ten paciencia y date tiempo para crecer en la gracia de Dios y recibir la sanidad que él proporciona en la Santa Cena, poco a poco. Que tu fe esté anclada en su gracia y que él lleve a cabo su obra profunda y duradera en ti. Es posible que tu sanidad no sea inmediata, pero con el tiempo su gracia, que actúa en tu vida, se hará evidente para todos. Así que no pierdas nunca la esperanza.

LA ORACIÓN DE HOY

Señor Jesús, gracias porque cada vez que vengo a ti, recibo más y más de tu vida de resurrección. Creo que al participar en la Santa Cena recibo cada vez más de tu poder de sanidad. Aun cuando no lo vea o sienta, creo que tú estás haciendo una profunda obra de sanidad en mi cuerpo y que a tu tiempo se manifestará mi completa sanidad. Amén.

SOBRENATURAL, PERO POCO ESPECTACULAR

Y perseverando unánimes cada día en el templo, y partiendo el pan en las casas, comían juntos con alegría y sencillez de corazón.

—Hechos 2.46

Hay veces en que alguien participa de la Cena del Señor y la sanidad le sigue de inmediato. Pero esto suele ser la excepción más que la regla. En la mayoría de los casos, lo que he visto es que la sanidad se produce gradualmente. Que sea gradual no significa que no esté ocurriendo.

Hace unos años, sufría un dolor agudo en el coxis cada vez que me levantaba después de estar sentado, aunque la silla fuera suave y acolchada. Cuando consulté al doctor, me dijo que era un desgaste «debido a la edad» y que no había nada que hacer. Cuando dijo eso, me di cuenta de que mi cuerpo estaba sucumbiendo a las fuerzas naturales del envejecimiento.

Pero me negué a aceptarlo porque estoy en este mundo, pero no soy de este mundo (Jn 17.11, 14). Yo *no debería* estar sujeto a lo que sufre el mundo. Y tú tampoco. Como vimos en la sección 8, Cristo nos ha redimido de la maldición de la ley y eso incluye todas las enfermedades que sufre el mundo. Decidí recurrir a la provisión del Señor y comencé a participar de la Santa Cena para mi dolor de coxis.

¿Sabes lo que pasó inmediatamente después de tomarla? Me levanté de mi asiento y un dolor intenso me atravesó el cuerpo. Al día siguiente, volví a participar en la Cena del Señor, con resultados idénticos. Esto duró un tiempo. Yo tomaba la Santa Cena, pero el dolor seguía. Entonces, un día, de repente me di cuenta de que me había levantado sin pestañear. De hecho, cuando lo pensé, me di cuenta de que llevaba unos días sin ningún dolor. ¡Estaba sanado!

El Señor me había sanado de una manera sobrenatural. Pero la sanidad se produjo tan gradualmente, mientras seguía participando de la Cena del Señor, que no me di cuenta de cuándo me curé. Creo que es así como la mayoría de las sanidades tienen lugar.

Por eso nuestro Señor Jesús dijo: «Haced esto todas las veces que la bebiereis, en memoria de mí» (1 Co 11.25). Fíjate que dijo «todas las veces» y no «las pocas veces» ni «las escasas veces». Eso nos dice que se refería a participar constantemente de la Santa Cena. ¿Pero a qué frecuencia se refiere «todas las veces»? El Señor nos deja decidirlo.

Solo sé esto: la iglesia primitiva participaba de la Santa Cena *cada día*, partiendo el pan en las casas (Hch 2.46). Debieron de tener una revelación de cuán beneficiosa era la Santa Cena para sus cuerpos y participaban de ella tan a menudo como podían. No digo que tengamos que tomar la Santa Cena todos los días. Pero, si te sientes llevado a ello, por favor, hazlo.

EL PENSAMIENTO DE HOY

No dejes que una demora en tu sanidad te desanime de participar a menudo de la Cena del Señor. Cada vez que participas de la Santa Cena, miras a Jesús y recibes lo que él ha conseguido en la cruz para darte salud, plenitud y vida abundante. Sigue participando y con el tiempo disfrutarás de todos los beneficios del cuerpo partido y de la sangre derramada de Jesús.

LA ORACIÓN DE HOY

Señor Jesús, gracias por haberme redimido de la maldición de las enfermedades, entre las que están las afecciones actuales de mi cuerpo. Aun cuando no veo resultados inmediatos por participar en la Santa Cena, te doy las gracias porque eso no significa que no se esté produciendo mi sanidad. Creo que lo gradual y lo no espectacular también son algo sobrenatural y que mi completa sanidad se manifestará si sigo tomando la Santa Cena con frecuencia. Amén.

NO CONSIDERES
TU CUERPO

Y [Abraham] no se debilitó en la fe al considerar su cuerpo,
que estaba ya como muerto (siendo de casi cien años), o la
esterilidad de la matriz de Sara.

—*Romanos 4.19*

¿Qué hacer cuando sigues enfrentándote a los síntomas o incluso cuando el enemigo te sigue recordando que tal o cual persona no se ha curado? Continúa participando de la Santa Cena y agradeciendo al Señor que todo lo que necesitas para tu sanidad ya se te ha provisto por medio de la cruz. La Escritura nos dice que Cristo *ya* te ha redimido de la maldición de la ley y de toda enfermedad y dolencia (Gá 3.13).

Cuando nuestro Señor Jesús instituyó la Santa Cena, tomó la copa y dio gracias (Mt 26.27). La palabra griega para dar gracias es *eucharisteo*, que significa «expresar gratitud».[1] Por eso la Santa Cena también se conoce como Eucaristía. Das gracias por algo que ya está hecho, que ya has recibido. Así que, aunque sigas teniendo síntomas, puedes dar gracias y considerarte curado porque su Palabra declara que «por su llaga fuimos nosotros curados» (Is 53.5).

No intentes «conseguir» la sanidad para ti o para tu ser querido. ¡Ya es tuya! El enemigo ya ha sido vencido (Col 2.15). Jesús *ya* te ha dado salud y plenitud divinas. Recuerda esto siempre: como creyente, no luchas por la victoria; luchas *desde* la victoria.

Amigo mío, seamos como Abraham, que estaba convencido de que Dios podía hacer lo que había prometido. Aunque Abraham era muy anciano, creyó en la promesa de Dios de que lo haría padre de muchas naciones y *no se debilitó en la fe al considerar su cuerpo* ni la esterilidad de su esposa Sara. Y ya conoces la historia: Isaac nació cuando Abraham ya tenía cien años (Gn 21.5) y Sara tenía unos noventa. Desde una perspectiva natural, eso era imposible, ya que ambos habían pasado la edad de tener hijos.

Pero Abraham no consideró su cuerpo; consideró la promesa de Dios. Romanos 4.20–21 nos dice que «Tampoco dudó, por incredulidad, de la promesa de Dios, sino que se fortaleció en fe, dando gloria a Dios, plenamente convencido de que era también poderoso para hacer todo lo que había prometido».

De la misma manera, ¿me permites animarte a ser como Abraham? *No consideres* los síntomas de enfermedad de tu cuerpo. Más bien, fija tus ojos en nuestro Señor Jesús, y considera la promesa de la Palabra de Dios, que declara que por las heridas de Jesús *ya* eres sanado. Sigue participando de la Santa Cena con fe, agradeciéndole que su cuerpo fuera partido para que el tuyo esté entero. Y, mientras participas, como los hijos de Israel, prepárate y sigue esperando tu liberación física.

———

EL PENSAMIENTO DE HOY

Tenemos la promesa de Dios de que en el Sacrificio del Calvario nuestro Señor Jesús ya ha pagado por nuestros pecados y enfermedades. ¡Que la maravillosa seguridad de que ya tienes la sanidad llene tu corazón, mente y boca!

LA ORACIÓN DE HOY

Padre, gracias porque el enemigo está derrotado y yo lucho desde la victoria. No consideraré mis síntomas, sino que fijaré mis ojos en Jesús y descansaré en la seguridad de que tengo la sanidad. Gracias porque, cada vez que tomo la Santa Cena, recibo una medida cada vez mayor de sanidad. En el nombre de Jesús, amén.

CUANDO NO TIENES FE

Por la fe también la misma Sara, siendo estéril, recibió fuerza para concebir; y dio a luz aun fuera del tiempo de la edad, porque creyó que era fiel quien lo había prometido.

—*Hebreos 11.11*

Quizás estás en un punto en que sientes que no puedes reunir más fe, y mucho menos no dudar de la promesa de Dios, como Abraham (Ro 4.20). Tal vez estés pensando: *Lo he intentado una y otra vez por mucho tiempo. No me queda fe para seguir adelante.*

Déjame mostrarte lo que dice el versículo de hoy sobre Sara. La fe estaba presente cuando Sara concibió y dio a luz a un hijo. Pero, si piensas que la fe es algo muy difícil y que simplemente no tienes, le pido a Dios que esto te anime.

¿Cómo recibió Sara su milagro después de tanto tiempo y cuando parecía físicamente imposible? Ella «creyó que era fiel quien lo había prometido». Parece muy sencillo, pero ahí está su milagro. El camino de la fe no es difícil. Es fácil y no requiere esfuerzo. Cuando se agote tu fe, cree que Dios es fiel. Cuando ya no sepas cómo tener fe, cuenta con *su* fidelidad. Incluso cuando te parezca no tener fe, recuerda que *él* es fiel. Apóyate en *su* fidelidad.

No te rindas por creer que no tienes suficiente fe. Una vez que Dios te da una promesa, no te corresponde a ti reunir la fe. Tú tienes que descansar en el que lo prometió, sabiendo que es fiel.

Hay un versículo precioso que quiero que grabes en tu espíritu y que memorices si es posible. Es un versículo que te hará estar firme en la pelea de la fe cuando parezca que no lleguen tus respuestas: «Si fuéremos infieles, él permanece fiel; él no puede negarse a sí mismo» (2 Ti 2.13). Aun cuando tú estés sin fe, él permanece fiel. En la cruz, mientras Jesús cargaba con todos nuestros pecados, Dios Padre tuvo que apartarse de su Hijo, y Jesús clamó: «Dios mío, Dios mío, ¿por qué me has desamparado?» (Mt 27.46). Él pagó el precio para que tú y yo tuviéramos la constante presencia de Dios, y por eso Dios nunca te dejará ni te desamparará (Heb 13.5). Nunca relajará su cuidado de ti. Cuando te sientas sin fe, debes saber que no tienes que tratar de aferrarte a él, es él el que se aferra a ti. La Biblia dice que el Señor tu Dios te sostiene de tu mano derecha, diciéndote: «No temas, yo te ayudo» (Is 41.13).

Cuando en tu batalla con la enfermedad te sientas sin fuerzas para tener fe, ¿me permites animarte a hacer esto? Tómate tiempo para ir a la presencia del Señor y dile:

Señor Jesús, gracias por tu fidelidad hacia mí. Tú eres fiel para cumplir tus promesas en mi vida. Eres fiel para sanarme y devolverme toda la salud y el bienestar que he perdido por esta enfermedad. En este momento, gracias a que tú me sostienes, puedo dejarlo y descansar en ti. Es tu fidelidad la que hará que se manifieste mi sanidad. Gracias, Señor Jesús. Amén.

EL PENSAMIENTO DE HOY

Querido amigo, para él, hablarle así *es* tener fe. Es creer que él está en tu situación y te escucha. Y, mientras declaras sobre tus síntomas que Aquel que te ha prometido la sanidad es fiel, lo estás considerando fiel, y lo verás haciendo fielmente que se manifieste tu sanidad.

LA ORACIÓN DE HOY

Amado Señor Jesús, gracias por tu promesa de que, aunque sienta que no tengo fe para seguir adelante, tú sigues siendo fiel. Gracias porque pagaste el precio por mí, porque la sanidad de todas las enfermedades de mi cuerpo es mi derecho y mi porción. Descansaré en ti, sabiendo que serás fiel para hacer que se manifieste mi sanidad. Amén.

NO CONFUNDAS LA FE CON LAS EMOCIONES

Porque por fe andamos, no por vista.

—*2 Corintios 5.7*

Hace algunos años, a la esposa de uno de mis líderes principales le diagnosticaron un quiste en el útero. Los médicos le indicaron que tenía que someterse a una cirugía para extirpar el quiste. Le dijeron que incluso podrían tener que quitarle todo el útero. Lógicamente, esta pareja se vio muy afectada por la noticia. Me reuní con ellos para orar y tomar la Santa Cena.

Para ser sincero, yo no sentía ninguna fe cuando oré por ellos. De hecho, me sentía bastante impotente. Pero escuché al Señor diciéndome que descansara. Le oí decirme que ni intentara usar la fe, que simplemente descansara en su fe. Así que simplemente dije: «Tumor, te maldigo hasta tus raíces en el nombre de Jesús. Serás arrancado de raíz y arrojado al mar». Al mismo tiempo, también oré para que el Señor hiciera que ella se rejuveneciera como el águila.

Unos días más tarde, tenía programada una última exploración antes de la cirugía. ¿Y sabes qué? ¡Su ginecólogo dijo que todo el tumor simplemente había desaparecido y que era un milagro! Pero el Señor no se limitó a quitarle el tumor. Llevaba algún tiempo sin tener el período, pero, poco después de orar por ella, le regresó. El Señor había renovado su vientre y su juventud. ¡Aleluya!

Yo no sentí fe cuando oré por ella, así que, gracias a Dios, su sanidad no dependía de mis sentimientos sobre mi fe. No mires a tu propia fe y pienses: *no tengo suficiente fe para el cambio que necesito*. La fe no es otra cosa que mirar a Jesús. En los Evangelios solo hay dos personas a las que Jesús describió como de gran fe: el centurión que creyó que Jesús solo tenía que decir una palabra para que su siervo fuera sanado (Mt 8.5–13) y la mujer sirofenicia a la que Jesús le dijo: «Oh mujer, grande es tu fe» (Mt 15.21–28).

Y ninguno de ellos estaba consciente de su fe.

¿Quieres saber de qué estaban conscientes? De Jesús. Lo veían como el Fiel y Poderoso. Tenían en alta consideración su gracia y bondad. Y, como ellos lo vieron en su gracia, ¡él los vio en su fe!

Que no te preocupe si tienes suficiente fe o no. Solo mira a Jesús. Pasa tiempo en su presencia. Mira o escucha sermones llenos de Jesús. Cuando tocas a Jesús, tocas la fe, porque él es el autor y consumador de la fe (Heb 12.2). La Biblia declara que Dios es fiel, y no te dejará pasar por más de lo que puedas soportar (1 Co 10.13). Él te llevará.

EL PENSAMIENTO DE HOY

La sanidad no depende de tu fe; depende de la fe del Fiel, nuestro Señor Jesús. Por eso la Santa Cena es tan poderosa, porque fija tu mirada en Jesús y solo en él. Aunque no sientas ninguna fe cuando estás tomando la Santa Cena, no te detengas. No te centres en tu fe o en tu falta de ella. A veces confundimos la fe con las emociones. Tú pon tu confianza en Aquel que nunca vacila. ¡No te rindas!

LA ORACIÓN DE HOY

Padre en el cielo, gracias porque la sanidad no depende de si siento que tengo suficiente fe o alguna fe. Gracias porque mi fe solo depende de mirar a Jesús y fijar la mirada en él y en lo que ha obtenido para mí. Al participar en la Santa Cena, ayúdame a ver más y más de tu gracia y a descansar en tu fidelidad para seguir adelante. Amén.

Sanado de una enfermedad neuromuscular incurable

Hace varios años me diagnosticaron miastenia grave (un trastorno autoinmune crónico que se caracteriza por la debilidad muscular). Comenzó con debilidad en los párpados, y no podía abrir los ojos del todo. Eso hacía que pareciera estar borracha o adormecida por las drogas. Me dijeron que, en las fases avanzadas, podía perder la capacidad de caminar y finalmente no podría tragar.

Un oftalmólogo y dos neurocirujanos confirmaron el diagnóstico. La enfermedad no tiene cura conocida y los médicos me dijeron que solo podían ayudar a retrasar su avance y controlar los síntomas con medicación de por vida. Yo lloraba y me resultaba difícil confiar en que Dios me sanara.

> MI MARIDO SE SENTABA JUNTO A MÍ TODAS LAS NOCHES PARA ORAR POR SANIDAD, Y TOMÁBAMOS JUNTOS LA SANTA CENA. A PESAR DE MIS TEMORES, ENCONTRABA UN GRAN CONSUELO CADA VEZ QUE LA TOMÁBAMOS.

Sin embargo, mi esposo y yo seguimos escuchando los sermones del pastor Prince en la iglesia y de camino al trabajo todos los días.

Mi marido se sentaba junto a mí todas las noches para orar por sanidad, y tomábamos juntos la Santa Cena. A pesar de mis temores, encontraba un gran consuelo cada vez que la tomábamos. Algunos días no encontraba palabras para orar, y él me animaba a repetir las suyas, dando gracias a Dios por el incalculable y poderoso sacrificio de Jesús en el Calvario. Reclamábamos las promesas de Dios en el salmo 23 de que no nos faltaría nada y que llevaríamos una vida sana y fructífera.

Dos días antes de mi cita con el neurocirujano, me quitaron todos los medicamentos. Para nuestra sorpresa, el neurocirujano notó que no tenía los párpados caídos. Entones me pidió que me pusiera de pie para comprobar mi fuerza muscular. Luego, perplejo, me preguntó si había dejado de tomar la medicación. Cuando le dije que sí, me comentó que, después de más de veinticuatro horas sin medicación, era imposible que mis párpados no estuvieran caídos. Así que canceló las pruebas que tenía pendientes y confirmó que no había síntomas de miastenia grave.

¡Yo estaba rebosante de alegría y declaré que había sido sanada por Cristo Jesús! Esa fue la última vez que necesité ir al médico por miastenia grave. ¡A Dios sea toda la gloria! Mi esposo y yo estamos muy agradecidos por el ministerio del pastor Prince, que nos ha abierto los ojos y oídos al maravilloso evangelio de la gracia.

Corrine | *Singapur*

LA LUCHA POR EL DESCANSO

Por lo demás, hermanos míos, fortaleceos en el Señor, y en el poder de su fuerza. Vestíos de toda la armadura de Dios, para que podáis estar firmes contra las asechanzas del diablo. Porque no tenemos lucha contra sangre y carne, sino contra principados, contra potestades, contra los gobernadores de las tinieblas de este siglo, contra huestes espirituales de maldad en las regiones celestes. Por tanto, tomad toda la armadura de Dios, para que podáis resistir en el día malo, y habiendo acabado todo, estar firmes.

—Efesios 6.10–13

GUERRA ESPIRITUAL

Porque no tenemos lucha contra sangre y carne, sino contra principados, contra potestades, contra los gobernadores de las tinieblas de este siglo, contra huestes espirituales de maldad en las regiones celestes.

—*Efesios 6.12*

No sé si te has dado cuenta, pero estamos en guerra. En el mundo de hoy, muchos de nosotros tenemos acceso a doctores, hospitales y diferentes remedios y tratamientos. Y, como podemos recurrir a Google para informarnos sobre nuestros síntomas y averiguar las posibles causas y opciones de tratamiento, es fácil que olvidemos que existe un reino invisible. Es fácil olvidar que hay un enemigo real y que cuando estamos recibiendo un ataque en nuestro cuerpo, puede haber fuerzas espirituales involucradas.

Hay un enemigo que quiere destruirnos, que quiere oprimirnos con la enfermedad e impedirnos recoger la cosecha de salud y vida divinas que tenemos como herencia como creyentes. No digo que todas las enfermedades las causen espíritus, pero no olvidemos que los espíritus existen. El Evangelio de Lucas cuenta cómo nuestro Señor Jesús sanó a una mujer que había estado oprimida por un «espíritu de enfermedad» (Lc 13.10–17). Llevaba dieciocho años encorvada y sin poder enderezarse. Nuestro Señor Jesús mismo dijo que se debía a que *Satanás* la había atado.

Gracias a Dios por los doctores y enfermeras que han dedicado sus vidas a cuidar de los enfermos, a prevenir enfermedades y a aliviar los sufrimientos de sus pacientes. Son una gran bendición y creo plenamente que Dios puede obrar a través de ellos. Pero hay un límite a lo que los médicos pueden hacer cuando hay fuerzas espirituales involucradas, y no podemos emplear medios *naturales* para luchar contra las fuerzas *sobrenaturales*.

El apóstol Pablo escribió que nuestra lucha no es contra carne ni sangre. Nuestra guerra es espiritual. A la mayoría, la guerra espiritual le trae a la mente participar en feroces batallas contra el diablo. Pero, hace algunos años, cuando escribí un libro titulado *Guerra espiritual*, ¿sabes qué imagen elegí para la portada del libro? Una foto de un hombre en una tumbona en la playa, con los brazos cruzados relajadamente detrás de la cabeza.

Es importante señalar que todo el pasaje de Efesios 6 sobre la guerra espiritual nos dice una y otra vez que estemos «firmes» y menciona la lucha solo una vez, cuando nos dice que no «tenemos lucha contra carne y sangre» (Ef 6.11–14). Nuestra lucha es la lucha por mantenernos en reposo y creer que la obra ya ha sido terminada. El único trabajo es el de entrar en el descanso que nuestro Señor Jesús compró para nosotros en la cruz (Heb 4.11).

EL PENSAMIENTO DE HOY

Aunque no voy a profundizar en la enseñanza sobre la guerra espiritual en las siguientes lecturas, te mostraré con un ejemplo lo que significa participar en la guerra espiritual. La Palabra de Dios nos dice que lo que nos corresponde es *estar quietos* y ver la salvación del Señor (Éx 14.13; 2 Cr 20.17). Estemos firmes en la victoria que Cristo ya nos ha dado, en lugar de intentar derrotar a un enemigo que *ya* ha sido derrotado en la cruz.

LA ORACIÓN DE HOY

Padre, gracias porque, sean cuales sean los pensamientos, ideas o síntomas que me opriman, puedo estar firme en la gran verdad de que la victoria está firmemente asegurada por la obra consumada de Jesús. Gracias porque mi única lucha consiste en permanecer en reposo, sabiendo que el enemigo ya ha sido derrotado en la cruz. Gracias porque, por ser hijo tuyo, solo tengo que estar quieto y ver tu salvación. Amén.

DÍA 70

CÓMO ES LA GUERRA ESPIRITUAL

Tú vienes a mí con espada y lanza y jabalina; mas yo vengo a ti en el nombre de Jehová de los ejércitos, el Dios de los escuadrones de Israel, a quien tú has provocado.

—1 Samuel 17.45

Para mostrarte lo que significa participar en la guerra espiritual, permíteme compartir contigo la preciosa travesía que vivió Anna, que formaba parte del equipo de mi gira *La revolución de la gracia*. Mientras estaba en Dallas, Texas, pasó por una terrible prueba.

Contó que empezó a experimentar un entumecimiento en las piernas, que se extendió rápidamente al diafragma. No podía moverse y la llevaron rápidamente a emergencias, donde la operaron de urgencia durante cinco horas por una compresión de la médula espinal causada por múltiples lesiones y tumores que tenía por toda la columna. Sin previo aviso, se encontró postrada con un cáncer en fase cuatro, con metástasis desde el área torácica hasta el cuello y los huesos. Le dijeron que le quedaban de dos a tres años de vida, y así es como describió su batalla:

Lo único que yo, una oveja asustada, podía hacer era quedarme muy cerca del Gran Pastor. En los treinta y tres días de hospitalización, Jesús se convirtió en mi inexpugnable «casa segura», que me protegía de nuevos ataques del diablo. Pedí que se redujeran al mínimo las visitas durante mi hospitalización, pues prefería pasar tiempo con Aquel cuya presencia y palabras eran ahora mi vida y mi sanidad. El oír cómo hablaban de mi cáncer me hacía perder la vida y la paz que había en mí; sentía que había tocado la muerte.

Pero yo me quedaba en mi «casa segura», Jesús. Me alimentaba de la Palabra de Dios durante mis horas de vigilia, a menudo me quedaba dormida, escuchando los sermones del pastor Prince en mi iPad. Cada vez que tenía que tomar mi medicación contra el cáncer y después de cada sesión de radioterapia, tomaba la Santa Cena también. Creo que por esa razón no experimenté ninguno de los efectos secundarios, salvo la pérdida de cabello, en mis quince ciclos de tratamiento de radioterapia. Simplemente perseveré cada día en la Palabra y en la participación de la Santa Cena.

El cáncer era real, pero Anna sabía que la verdadera batalla era espiritual. Por supuesto, tenía miedo. Pero era una hija de Dios, y no iba a permitir que los ataques del enemigo la intimidaran o la dejasen postrada en la cama. Iba a luchar, armada con la espada del Espíritu (Ef 6.17) y conocedora de que su Dios la guardaba en todo el camino.

Anna me recuerda cómo David se negó a acobardarse ante el gigante Goliat, como lo hicieron los otros soldados de Israel. Más bien, estaba *furioso* y exigió saber «¿quién es este filisteo incircunciso, para que provoque a los escuadrones del Dios viviente?» (1 S 17.26). Solo estaba consciente de lo grande que era su Dios. El enemigo puede venir contra ti con una espada, una lanza y una jabalina, pero, cuando te acercas a él en el nombre del Señor de los ejércitos, ¡ese Goliat no es rival para tu Dios!

EL PENSAMIENTO DE HOY

Querido amigo, si el enemigo trata de atacarte con síntomas, te ruego que tengas el espíritu de David. No tengas miedo. Mantente firme y consciente de que el enemigo ya ha sido derrotado. Sus armas pueden parecer temibles para el mundo, pero mayor es el que está en ti que el que está en el mundo (1 Jn 4.4). Esta batalla no tienes que pelearla tú.

LA ORACIÓN DE HOY

Señor Jesús, gracias por ser también mi «casa segura», Jehová de los ejércitos, en cuya presencia está mi vida y mi sanidad. Gracias porque no importa qué arma traiga el enemigo contra mí, no es rival para ti. Me mantengo firme y descanso en la victoria que ya me has dado. Amén.

DÍA 71

FORTALECIDO CON LA PALABRA DE DIOS

Santifícalos en tu verdad; tu palabra es verdad.

—*Juan 17.17*

Volviendo a la experiencia de Anna, a veces algunos de los datos médicos más graves hacían que «se le escurrieran» su vida y su paz. Pero, en lugar de aceptarlos, se vistió toda la armadura de Dios y se puso firme en su obra consumada. No solo eso: se mantuvo en el lugar secreto del Altísimo, permitiéndole ser su refugio y fortaleza, tomándolo como su libertador (Sal 91.1–3), y convirtiéndolo en su «castillo» inexpugnable y su arca. Él era su torre fuerte, su escudo y su Gran Pastor que la protegía y la llevaba pegada a su corazón.

Anna no quería oír los gemidos de los otros pacientes y el pitido constante del instrumental médico de su pabellón, no quería seguir mirando la muerte y la enfermedad que la rodeaban. Así que se sumergió en la verdad de la Palabra de Dios, meditando en las Escrituras todo el día, escuchando sermones y tomando la Santa Cena a diario.

Ella se mantuvo firme en la *verdad* eterna de la Palabra viva, declarando citas bíblicas que hablaban de puntos de ataque específicos del cáncer, como «Acontecerá en aquel tiempo que *su carga será quitada de tu hombro, y su yugo de tu cerviz,* y el yugo se pudrirá a causa de la unción». (Is 10.27). Y se mantuvo firme en otros pasajes sobre la sanidad, como: «Pero si Cristo está en vosotros, el cuerpo en verdad está muerto a causa del pecado, mas *el espíritu vive* a causa de la justicia. Y si el Espíritu de aquel que levantó de los muertos a Jesús mora en vosotros, *el que levantó de los muertos a Cristo Jesús vivificará también vuestros cuerpos mortales por su Espíritu que mora en vosotros*» (Ro 8.10–11).

Mientras Anna se alimentaba de un pasaje tras otro, creo que la Palabra de Dios se convirtió literalmente en una medicina para ella, y se fortaleció cada vez más. Cuando pasas tiempo en la Palabra de Dios, no puedes evitar cosechar sus beneficios sanadores. Después de todo, el libro de Proverbios nos dice que sus palabras «son vida a los que las hallan, y medicina a todo su cuerpo» (Pr 4.22). La palabra hebrea para *salud* es *marpe*, que también significa «una medicina» o «una cura».[1] Observa que Proverbios 4.22 dice «medicina a *todo* su cuerpo». A diferencia de muchos remedios, la Palabra de Dios no beneficia a una parte del cuerpo y daña a otras. Es salud para tu nariz, tus rodillas, tu oído interno, tus intestinos, tu piel... para *todo* tu cuerpo.

———

EL PENSAMIENTO DE HOY

Sea cual sea la dolencia a la que te enfrentes, quiero animarte a hacer lo mismo que Anna. Satúrate de la Palabra de todas las maneras que puedas. Escribe versículos, escucha tu Biblia en audio, escucha sermones sobre su obra consumada y lee libros (como este) que engrandezcan todo lo que Jesús ha hecho por ti. Entonces ponte firme en sus promesas y espera pacientemente hasta que echen raíces y te den la cosecha de la sanidad.

LA ORACIÓN DE HOY

Dios Altísimo, gracias porque puedo refugiarme en ti, pues eres mi refugio y fortaleza, mi fuerte torre, mi escudo y mi libertador. Gracias porque tengo tu palabra de verdad y tus grandes promesas de sanidad. Creo que tu Palabra es salud y vida para mí, y voy a saturarme en la Palabra mientras espero pacientemente mi cosecha de salud. Amén.

EL PODER DE LA PALABRA DE DIOS

Porque la palabra de Dios es viva y eficaz, y más cortante que toda espada de dos filos; y penetra hasta partir el alma y el espíritu, las coyunturas y los tuétanos.

—Hebreos 4.12

La Biblia declara que la Palabra de Dios es lo opuesto a la muerte: es *viva* y *eficaz*. No es de extrañar que nuestro Señor Jesús, al explicar la parábola del sembrador, nos diga que, cuando el sembrador siembra la Palabra, «en seguida viene Satanás y quita la palabra que se sembró en sus corazones» (Mr 4.15).

¿Notaste que el enemigo viene *en seguida*? Jesús se refería a las semillas que cayeron «junto al camino», pero el principio que quiero que veas es que el enemigo quiere quitar la Palabra de nuestros corazones porque no quiere que «crean y se salven» (Lc 8.5, 12). El diablo sabe que, si recibes la Palabra y la crees, *serás salvo*. Por eso hará todo lo posible para que la Palabra de Dios no eche raíces en tu corazón. ¡Sabe que, si permanece el tiempo suficiente, será tu victoria y su derrota!

La palabra utilizada para *se salven* en el griego original es *sozo*, que significa «salvar a alguien de una lesión o peligro; salvar de perecer a uno que sufre, por ejemplo, a alguien que sufre de una enfermedad; hacer bien, curar, restaurar la salud».[1]

El enemigo sabe lo poderosa que es la Palabra de Dios. ¿Y tú? No importa por qué medio pases tiempo en su Palabra, asegúrate de que estás bien irrigado con ella. En la medida en que permanezcas empapado e irrigado en la Palabra de Dios, creo que, sin darte cuenta ni esforzarte, te harás cada vez más fuerte y más sano.

A Anna no le llegó su sanidad de la noche a la mañana, y tu sanidad tal vez no sea inmediata, pero cree que viene de camino. Si llevas un tiempo esperando tu sanidad y estás desanimado, deja que la promesa de Dios te fortalezca:

> *Porque como desciende de los cielos la lluvia y la nieve, y no vuelve allá, sino que riega la tierra, y la hace germinar y producir, y da semilla al que siembra, y pan al que come, así será mi palabra que sale de mi boca; no volverá a mí vacía, sino que hará lo que yo quiero, y será prosperada en aquello para que la envié. (Is 55.10–11)*

La Palabra de sanidad de Dios es tan poderosa que no volverá a él vacía, sino que cumplirá su propósito. Tal vez hayas tomado la Santa Cena y orado, pero parece que no pasa nada. Tal vez incluso has llegado al punto de sentir que estás actuando mecánicamente, porque el desánimo se ha instalado en ti. ¿Qué es lo que haces? ¡Sigue regando la semilla de la Palabra de Dios con la lluvia de su Palabra! No re rindas. ¡La cosecha está cerca!

EL PENSAMIENTO DE HOY

Abraham vio cumplida la promesa de tener un hijo después de haber «esperado con paciencia» (Heb 6.15). La bendición no se manifestó al día siguiente ni en el año siguiente, sino que pasaron muchos años. El principio es que puede tardar algún tiempo, pero tú *heredarás* tu promesa si te aferras a la Palabra de Dios.

LA ORACIÓN DE HOY

Padre, gracias porque tu Palabra es viva y eficaz para salvarme de cualquier enfermedad y restaurar mi salud. Gracias porque tu Palabra no volverá a ti vacía, sino que prosperará en tu propósito de sanidad. Me irrigaré con la lluvia de tu Palabra y seguiré participando de la Santa Cena para la cosecha que sé que se avecina. Amén.

LA FE Y LA MEDICINA

Tú guardarás en completa paz
a aquel cuyo pensamiento en ti persevera;
porque en ti ha confiado.

—Isaías 26.3

La sanidad de Anna tuvo lugar de forma lenta pero segura. Estuvo postrada en cama nueve meses enteros y tuvo que aprender poco a poco a caminar de nuevo. Después de pasar por el tratamiento de radioterapia, también tuvo que someterse a quimioterapia hormonal. Pero ella se aferraba a las promesas del Señor, y seguía participando de la Santa Cena, recordando todo lo que él había hecho por ella. Hoy, Anna camina libremente sin ayuda. Tardó dos años, pero ya ha regresado al trabajo en mi oficina del ministerio. Y aprovecha cada oportunidad que se presenta para orar por sus colegas que no se sienten bien. De hecho, el Señor la ha fortalecido y ha alargado sus días.

En cuanto al cáncer, su marcador tumoral ha caído muy por debajo de la medida recomendable de <35.0. El Señor utilizó la tecnología médica en su proceso de sanidad, pero, como ella continúa «participando a diario de la Palabra y de la Santa Cena», él la ha mantenido a salvo de los efectos secundarios que muchos otros han experimentado por la radiación y la medicación. ¡Aleluya! ¡A Jesús sea toda la gloria!

Es vital que los creyentes entiendan que tener fe en el poder sanador del Señor no significa que no busquen consejo médico o que dejen de recibir tratamiento. La fe y la medicina no tienen que excluirse mutuamente.

De hecho, creo que Dios usa a los médicos, y siento un profundo respeto por ellos. He enseñado a mi iglesia a orar para que el Señor unja las manos de sus cirujanos si tienen que someterse a una cirugía y que el Señor dé a sus doctores sabiduría para dar diagnósticos precisos y decidir los mejores tratamientos. Alabado sea el Señor por todos los avances de la ciencia médica. Han contribuido mucho a mejorar la calidad de nuestras vidas y a que la gente viva más tiempo.

En el caso de Anna, sus médicos cumplieron con su responsabilidad al informarle de los posibles efectos secundarios del tratamiento al que iban a someterla. Pero, mientras Anna seguía adelante con los tratamientos, su confianza para su total sanidad y restauración estaba enteramente en su Salvador y Pastor de su alma, nuestro Señor Jesucristo. Puso su confianza totalmente en el Señor y en la Santa Cena, con fe en que no sufriría los efectos secundarios. Y, alabado sea el Señor, los efectos secundarios que sufrió fueron mínimos. Si tienes luchas con este conflicto entre la fe y la medicina, le pido a Dios que el testimonio de Anna sea una gran fuente de aliento para ti y te ayude a experimentar la paz sobrenatural de Dios.

EL PENSAMIENTO DE HOY

Tener fe no es botar la medicación, detener los tratamientos prescritos ni evitar los procedimientos quirúrgicos. Los doctores y los profesionales de la medicina están combatiendo en las mismas batallas contra la enfermedad que nosotros. Si el médico te ha recetado medicamentos o tratamientos, por favor, sigue tomándolos junto con la Santa Cena, sabiendo que en último término tu confianza está en que tu Señor Jesús te proteja y te sane.

LA ORACIÓN DE HOY

Señor Jesús, gracias por cómo utilizas a los profesionales de la medicina para mantener y restaurar la salud, y te pido que siempre des a mis doctores la sabiduría para hacer los diagnósticos correctos. Pero mi confianza para la sanidad y restauración totales está solo en ti. Confío plenamente en ti y, mientras participo de la Santa Cena, miro a ti para que protejas mi cuerpo y me sanes. ¡A ti, Señor Jesús, sea toda la gloria! Amén.

DÍA 74

TU COSECHA A CIENTO POR UNO ESTÁ AL LLEGAR

Y éstos son los que fueron sembrados en buena tierra: los que oyen la palabra y la reciben, y dan fruto a treinta, a sesenta, y a ciento por uno.

—Marcos 4.20

Cuando te sientes desanimado porque has estado participando de la Santa Cena, pero tu sanidad está tardando más de lo que esperabas, el enemigo puede empezar a jugar con tu mente. Es posible que estés empezando a pensar que tal vez la Santa Cena solo sea una práctica supersticiosa, un ritual vacío que no te beneficia en nada. Permíteme decirte que hay una guerra espiritual para que renuncies al canal que Dios ha dispuesto para traer vida y salud sobrenatural a tu cuerpo.

Como mencioné en el capítulo anterior, los milagros de sanidad instantánea *pueden* suceder. Pero nuestro Señor Jesús también nos dice qué esperar cuando confiamos en él para un cambio que no se manifiesta al instante. Fíjate en lo que dice sobre cómo las semillas de la Palabra de Dios dan fruto cuando caen en buena tierra. El Evangelio de Lucas dice: «Y las semillas que cayeron en la buena tierra representan a las personas sinceras, de buen corazón, que oyen la palabra de Dios, *se aferran a ella y con paciencia producen una cosecha enorme*» (Lc 8.15, NTV).

Las semillas que caen en buena tierra dan fruto «con paciencia». «Paciencia» se refiere a perseverancia y persistencia. ¿Sabes por qué hay que tener paciencia? Porque *las semillas necesitan tiempo para dar fruto*. No sucede de la noche a la mañana. Así como el granjero aguarda con paciencia el precioso fruto de la tierra, también tú necesitas ser paciente (Stg 5.7). Tu cosecha se multiplicará gradualmente: primero a treinta, luego a sesenta y luego a ciento por uno.

Cuando empiezas a participar de la Santa Cena, quizás ves algunas mejoras, pero el dolor sigue ahí. Eso es fruto a treinta por uno. ¡No te rindas! Sigue tomando la Santa Cena por fe hasta que tengas fruto a sesenta por uno. Es entonces cuando sabes que ha habido una gran mejoría, incluso puedes sentirla, pero tal vez siguen ahí algunos síntomas persistentes. Es el momento de seguir perseverando, confiando y poniendo tus ojos en su obra consumada hasta que veas tu cosecha a ciento por uno de bendiciones, y experimentes la completa sanidad de tu afección.

Cuando se siembra una semilla, no se ve nada en el momento, pero se sabe que comenzará a brotar y a crecer. No tienes que quedarte cavando en la tierra para comprobar si la semilla está creciendo. De la misma manera, cuando se siembra la semilla de la Palabra de Dios, tu parte es tener fe en el poder de su Palabra y ser paciente porque crees que sus palabras no volverán a él vacías. Y, así como la tierra produce las cosechas de manera progresiva, «primero hierba, luego espiga, después grano lleno en la espiga» (Mr 4.28), ¡yo declaro que recogerás la cosecha completa de tu sanidad!

EL PENSAMIENTO DE HOY

Por favor, no permitas que el enemigo te venda la mentira de que debes dejar de participar de la Santa Cena porque no vas a recibir tu sanidad. Sigue regando la semilla de la Palabra de Dios y espera con paciencia hasta que eche raíces. A su debido tiempo, recogerás tu cosecha (Gá 6.9).

LA ORACIÓN DE HOY

Padre celestial, gracias porque eres tú quien siembra las semillas de tu Palabra en la buena tierra de mi corazón. Gracias porque puedo seguir poniendo la mirada en la obra consumada de Jesús y participando de la Santa Cena hasta recibir mi cosecha a ciento por uno de una sanidad completa. Creo en el poder de tu Palabra, y puedo aferrarme a ella con paciencia, Padre, porque sé que eres un Dios fiel. Amén.

DÍA 75

EL TERRENO ESTÁ LISTO PARA TU SANIDAD

Sobre mis espaldas araron los aradores;
Hicieron largos surcos.

—*Salmos 129.3*

Aunque nuestro Señor Jesús utiliza la analogía del sembrador y la semilla para enseñarnos sobre la Palabra de Dios, en el versículo de hoy también encontramos una imagen agrícola impactante y gráfica que nos ayuda a entender el violento sufrimiento que sufrió para nuestra sanidad.

El salmo 129 es un salmo mesiánico, y esta es una imagen de los azotes que sufrió nuestro Señor Jesús. Un día estaba leyendo este versículo y sentí que el Señor me decía: «Medita sobre por qué usé palabras relacionadas con la agricultura». Eso me hizo preguntarme: *¿Por qué dijo el Señor: «Sobre mis espaldas araron», en lugar de usar palabras como golpear o azotar?*

Los aradores arrastran un arado afilado que excava la tierra para romperla y hacer surcos profundos, como preparación para las semillas que van a plantar. En la página siguiente tienes una imagen de cómo son los surcos. Creo que eso fue lo que sufrió la espalda de nuestro Señor Jesús. Cuando los soldados romanos lo azotaron, fue como si hubieran arado sobre toda su espalda.

Los surcos que el arado hace en la tierra permiten la siembra de las semillas y el riego.
En Salmos 129, los surcos hablan de los azotes que Jesús recibió por nuestra sanidad.

Las víctimas de la flagelación romana eran azotadas con un flagelo compuesto por varias correas largas de cuero con fragmentos de hueso, metal y ganchos incrustados. Con cada azote, las correas envolvían el cuerpo de la víctima y hundían los fragmentos en su carne. Cuando tiraban del látigo, arrancaban la piel de la víctima y desgarraban su carne, dejándola hecha jirones, dejando surcos largos y profundos en su espalda.[1] Para cuando los torturadores del Señor terminaron, creo que no quedaba ni un jirón de piel en su espalda. El salmo 22, un salmo mesiánico, nos dice que se podían contar sus huesos y que la gente lo miraba fijamente (Sal 22.17, NTV).

No era ninguna casualidad que se usara el lenguaje de la siembra para describir la horrible flagelación que sufrió nuestro Señor Jesús. Los surcos se hacen para poder sembrar las semillas. Cuando te sientas sin fe para creer en la sanidad, nuestro Señor Jesús dice que solo necesitas una fe tan pequeña como un grano de mostaza (Lc 17.6). Así que no se trata de cuán fuerte es tu fe, sino de sembrar tus pequeñas semillas de fe en la buena tierra de nuestro Señor. Cuanto más veas lo que él ha hecho por ti, más crecerá tu fe y más experimentarás una cosecha de sanidad.

Cuando araron con surcos su espalda, estaba permitiendo que se sembrara la semilla de tu sanidad, ya sea para la hipertensión, un tumor o el asma de tu hijo. Sea cual sea la enfermedad que tu ser querido o tú puedan estar padeciendo, el sufrimiento y el sacrificio de Jesús hablan de que el precio de tu sanidad ha sido pagado en su totalidad. Hablan de cuán amado eres. Ahora extiende la mano por fe y recibe tu sanidad. Y, mientras esperas tu cosecha a ciento por uno, ¡experimenta su amor por ti como nunca antes!

EL PENSAMIENTO DE HOY

Siempre que participes de la Santa Cena, recuerda que nuestro Señor Jesús sufrió en su propio cuerpo todas las enfermedades, los dolores y los sufrimientos mentales en tu lugar. Él fue herido por tus pecados y transgresiones. Fue molido por tus iniquidades. El castigo necesario para tu salud y bienestar recayó sobre él. Y por sus laceraciones *estás curado* (Is 53.4–5).

LA ORACIÓN DE HOY

Amado Señor Jesús, gracias por soportar tan terribles azotes cuando tu espalda fue azotada y hecha surcos por mi causa. Recibo de forma renovada tu amor al ver tu sacrificio por mí. Gracias porque por la fe puedo sembrar mi necesidad concreta de sanidad en tu buena tierra y porque sé que el precio ha sido pagado en su totalidad. Al continuar participando de la Santa Cena, declaro que por tus heridas he sido sanado. Amén.

EL DIOS DE TUS VALLES

Vino entonces el varón de Dios al rey de Israel, y le habló diciendo: Así dijo Jehová: Por cuanto los sirios han dicho: Jehová es Dios de los montes, y no Dios de los valles, yo entregaré toda esta gran multitud en tu mano, para que conozcáis que yo soy Jehová.

—1 Reyes 20.28

ÉL ESTÁ CONTIGO

No te desampararé, ni te dejaré.

—Hebreos 13.5

Ruego a Dios que tus ojos se hayan abierto a las maravillosas verdades sobre la Santa Cena y que estés emocionado por las revelaciones que has recibido. Si te enfrentas a un problema de salud, oro para que el Señor haya usado este libro para impartirte esperanza, vida y fuerza. Tal vez incluso hayas tomado los elementos de la Santa Cena y hayas comenzado a participar de ellos. Si es así, ¡alabado sea el Señor! Sigue perseverando hasta que recibas tu cambio de situación.

Pero tal vez pienses: *He leído muchos testimonios, y parece que todos los demás han recibido su cambio y han llegado a su cumbre. ¿Pero dónde está Dios en mi situación? ¿Es que yo voy a quedarme en este valle para siempre?*

Querido amigo, quiero que sepas que él no te deja ni te desampara (Heb 13.5). Él está cercano a los que tienen el corazón roto (Sal 34.18), y ahora mismo está cerca de ti y de tu situación mientras clamas a él. Él es el Dios de las cumbres y el Dios de los valles (1 R 20.28). Él está contigo incluso en el valle, así que ten confianza en que *lo superarás* (Sal 23.4).

Creo que conocer las verdades sobre la Santa Cena puede marcar la diferencia entre la vida y la muerte para ti y para tus seres queridos. De hecho, yo mismo experimenté el poder sanador de la Santa Cena mientras escribía *Ven a la mesa*.

Cuando Justin, mi hijo de seis años, se cayó un día en el patio de la escuela y se lastimó la cabeza, mi esposa, Wendy, lo llevó al hospital para un chequeo completo. Los doctores le hicieron una tomografía computarizada y descubrieron que se había fracturado el cráneo. Después de que empezara a vomitar, le hicieron una exploración más detallada y encontraron otra fractura craneal. También descubrieron una hemorragia en el cráneo, así como sangre en el oído medio.

Para mí era desgarrador ver a mi pequeño de seis añitos llorando y agarrándose la cabeza, retorciéndose y dando vueltas en un vano intento de detener el intenso dolor. Tampoco me resultó fácil mirar los escáneres y escuchar al doctor hablar del posible efecto de la lesión en su cerebro. Se metió el miedo en mi corazón, y fue una verdadera lucha mantenerme tranquilo.

Aparte de darle analgésicos y controlarlo, los doctores no pudieron hacer mucho por Justin. Pero Wendy y yo sabíamos que Dios sí podía y, durante todo su período de hospitalización, tomábamos la Santa Cena con él al menos tres o cuatro veces al día. Lo maravilloso fue que, cada vez que participábamos de la Santa Cena con Justin, sus dolores de cabeza disminuían y él estaba cada vez mejor. Los doctores esperaban que Justin tardara al menos seis semanas en mejorar, pero el Señor aceleró de tal manera su recuperación que en menos de tres semanas le permitieron regresar a la escuela. ¡A Jesús toda la gloria!

EL PENSAMIENTO DE HOY

Durante esta experiencia de Justin, experimenté en persona algo que quiero que sepas si estás pasando por una prueba: Dios no está lejos. Está contigo. Él te ama y es tu ayuda en este preciso instante. ¡Él se acerca a ti y no te fallará!

LA ORACIÓN DE HOY

Señor Jesús, gracias porque eres tanto el Dios de mis cumbres como el Dios de mis valles, y gracias porque siempre estás conmigo en los valles como una ayuda muy cercana. Ayúdame a descansar en ti y en el poder sanador de la Santa Cena. Creo que, aun cuando no lo sienta, tú me estás llevando hasta mi sanidad. Amén.

ÉL VA DELANTE DE TI

*Y sabemos que a los que aman a Dios, todas las cosas les ayu-
dan a bien, esto es, a los que conforme a su propósito son
llamados.*

—Romanos 8.28

Durante el tiempo que Justin estuvo en el hospital, Wendy y yo estuvi-
mos muy conscientes de cómo el Señor mismo lo protegió y lo salvó de
lesiones permanentes que podrían haber sido mucho más devastadoras.
Del mismo modo, quiero que sepas que el Señor vela por ti y por tus
seres queridos. Porque él no duerme ni se adormece (Sal 121.4–5, NVI),
puedes descansar con la seguridad de que, incluso mientras duermes,
él trabaja en turno de noche. Él te librará y evitará tu caída (Sal 56.13).
¡Todos los planes del enemigo quedarán confundidos y, aunque se haya
forjado un arma contra ti, no prosperará!

En la sección anterior leíste la historia de Anna. Pero en realidad hay
más. A pesar de su angustiosa experiencia, estaba claro que el Señor estuvo
con ella en todo momento. Ella escribió:

*Al mirar atrás, veo que, si no hubiera hecho este viaje de trabajo,
no habría estado en Dallas, no me habría operado un cirujano
cristiano que me dijo que quien sana es Jesús. Si no me hubieran
operado en ese momento, mi entumecimiento pronto habría avan-
zado demasiado y el resultado podría haber sido la invalidez de
cuello para abajo, o el cáncer podría haberme matado.*

Y, si no hubiera pagado los diecisiete dólares suplementarios del seguro de viaje, la compañía de seguros no habría cubierto la enorme factura del hospital, ¡que ascendía a más de 200.000 dólares! Todo esto solo puede ser la acción del Señor, y es cosa maravillosa a mis ojos (Sal 118.23). ¡A Dios sea toda la gloria y la alabanza! ¡Alabado sea Jesús!

¿No es asombroso ver todo lo que el Señor había orquestado divinamente para Anna? Esto incluía al cirujano, que, según su enfermera, era uno de los diez mejores cirujanos de columna de Estados Unidos. Anna también nos contó que, aunque hubiera descubierto su cáncer antes, no habría podido permitirse los gastos médicos de esa cirugía, ni siquiera en Singapur, y mucho menos a manos de un cirujano de primera en Estados Unidos. El Señor se lo preparó todo e hizo que *todas* las cosas le ayudaran a bien (Ro 8.28).

Amigo mío, sea lo que sea por lo que estás pasando, confía en que la gracia del Señor te basta, pues su *poder* se perfecciona en tu debilidad (2 Co 12.9). La palabra griega utilizada para *poder* es *dunamis*, que alude al poder milagroso de Dios.[1] No tienes que tratar de ser fuerte en ti mismo. Su poder para hacer milagros se perfecciona en tus momentos de debilidad. *Saldrás* de esta prueba. No solo eso, creo, junto a ti, que saldrás aún más fuerte que antes.

EL PENSAMIENTO DE HOY

Amigo mío, pase lo que pase, confía en el Señor. Quizás te sientas impotente ante esa enfermedad o esa factura médica desorbitada, pero no pierdas la esperanza. Igual que estuvo obrando entre bastidores para poner a Anna en el lugar correcto en el momento adecuado y dejar cubiertos todos sus gastos, confía en que Dios está también obrando entre bastidores para ti.

LA ORACIÓN DE HOY

Señor Jesús, gracias por cuidarnos a mí y a mis seres queridos. Gracias porque tu poder milagroso está orquestando todas las cosas en mi vida para que obren para bien y de acuerdo a tu propósito. Creo que no importa lo que vea en el plano natural, tú has ido delante de mí, y yo saldré más fuerte y mejor que nunca. Amén.

JESÚS VIENE A TI EN TU VALLE

Entonces Melquisedec, rey de Salem y sacerdote del Dios Altísimo, sacó pan y vino; y le bendijo, diciendo: Bendito sea Abram del Dios Altísimo, creador de los cielos y de la tierra; y bendito sea el Dios Altísimo, que entregó tus enemigos en tu mano.

—Génesis 14.18–20

No sé en qué valle estás ahora mismo, pero quiero compartir una imagen muy poderosa de la Biblia que espero que te anime.

Cada vez que se menciona algo en la Biblia por primera vez, siempre es significativo. ¿Sabes dónde encontrarás que se mencionan juntos el pan y el vino de la Santa Cena por primera vez? Está en el pasaje bíblico de hoy.

¿Quién es Melquisedec? La Biblia nos dice que nuestro Señor Jesús es «sacerdote para siempre según el orden de Melquisedec» (Heb 7.17). Muchos estudiosos creen que es una aparición preencarnada de Cristo. Pero está claro que Melquisedec es un tipo de Cristo.

Melquisedec era el rey de Salem, que significa «paz». Pero Salem significa mucho más que paz. También significa «completo, seguro, perfecto, entero y pleno».[1]

Melquisedec se encontró con Abram en el valle de Save, o valle del Rey (Gn 14.17). El valle del Rey es el valle del Cedrón. *Cedrón* en hebreo viene de la palabra *qadar*, que significa «oscuridad».[2]

Melquisedec no era el único que estaba con Abram. Bera, el rey de Sodoma, salió al encuentro de Abram antes de que llegara Melquisedec (Gn 14.2, 17). El nombre de Bera en hebreo significa «hijo del mal».[3]

Te pongo en contexto porque quiero que veas esto: *cuando estás en un lugar de tinieblas, tu Señor Jesús viene a ti, trayendo pan y vino.*

Puede que te preguntes: «¿No se convertirá la Santa Cena en algo legalista que *tengo* que hacer?». No si te ves recibiendo el pan y el vino del mismo Señor Jesús. La Santa Cena no es algo que se hace; es algo que se *recibe*, como lo hizo Abram.

En tus momentos de oscuridad, no olvides que el Señor te ha dado la Santa Cena como una forma tangible y práctica de recordar todo lo que él ha hecho por ti, y de encontrarte con su amor. No tienes que lidiar con la situación tú solo. El Señor está contigo, y quiere que le lleves a él todo temor y preocupación. Habla con él. Siempre que tengo miedo me gusta cantar las palabras de los salmos de David para fortalecerme en el Señor. Deseo que te llenes de su fuerza meditando y adorando con estas palabras del salmista:

> *Tú eres mi refugio; me guardarás de la angustia; con cánticos de liberación me rodearás [...]. En el día que temo, yo en ti confío.* (Sal 32.7; 56.3)

———

EL PENSAMIENTO DE HOY

Sea cual sea el valle en el que estés ahora, sea cual sea el mal al que te enfrentas, no estás solo. Espero que abras los ojos para ver que el Rey de la paz está contigo. El Rey de la plenitud y de la seguridad está contigo, y viene trayendo pan y vino para ti. Viene a renovar tus fuerzas y a impartirte su *shalom*.

LA ORACIÓN DE HOY

Señor Jesús, gracias por ser el Rey de paz que me trae plenitud, seguridad e integridad. Gracias por venir a mí en los lugares más oscuros, llevando el pan y el vino, recordándome todo lo que has hecho por mí. Te entrego mis temores y preocupaciones y recibo tu *shalom*. Amén.

ATRAVESANDO LOS VALLES HACIA LA RESTAURACIÓN

El Señor está cerca de los quebrantados de corazón, y salva a los de espíritu abatido.

—Salmos 34.18, NVI

En la lectura de ayer, Abram estaba en un valle justo después de haber obtenido una gran victoria. Tal vez acabas de tener una victoria —quizás acabas de experimentar un gran progreso—, pero en un instante puedes encontrarte en un valle. Por eso no podemos confiar en las cosas temporales. Todos, independientemente de los éxitos que hayan disfrutado, son susceptibles de tener tiempos de oscuridad en su vida.

De la misma manera, solo porque soy pastor y enseño sobre la Santa Cena no significa que no enfrente dificultades. Sé que esto es así también para otros pastores, así que, si puedes, por favor, ora por tus pastores y líderes, no sabes por lo que pueden estar pasando.

Wendy y yo atravesamos un período difícil en nuestra vida. Unos años después de tener a nuestra hija Jessica, Wendy quedó embarazada de nuestro segundo hijo, y estábamos deseando conocer a nuestro bebé. Luego, a las nueve semanas de embarazo, el doctor nos dijo que el corazón del bebé no latía. Nunca he visto a Wendy llorar como entonces, y oro para no volver a verlo. Se nos rompió el corazón. Solo podíamos llorar.

Cuando perdimos a nuestro bebé, nuestro dolor era demasiado fuerte, y francamente, nos resultaba difícil sentir la fe en medio de nuestras emociones. Pero, como dije antes, la fe no consiste en emociones. Aunque estábamos aplastados, seguimos confiando en él.

Por fe, le dijimos al Señor: «No entendemos todo lo que ha pasado, pero sabemos que eres un Dios bueno. Sabemos que tú no estás detrás de esto, y confiamos en ti. No renunciaremos a tus promesas. Tú nos amas, y sabemos que nos tienes un hijo reservado, y ese niño será un campeón». Comenzamos a tomar la Santa Cena juntos, ya que creíamos que Dios nos daría un bebé, e incluso decidí pedirle al Señor que fuera un niño.

Hoy quiero que sepas que Wendy y yo podemos haber perdido nuestro bebé, pero también hemos recibido nuestra restauración. Tardó algún tiempo, pero Justin David Prince apareció, ¡y menuda restauración es!

Hayas perdido lo que hayas perdido, creemos, contigo, en que Dios te traerá tu restauración.

EL PENSAMIENTO DE HOY

Si has perdido un hijo, como nosotros, quiero que sepas que tu hijo está vivo en el cielo. Cuando el hijo de David murió, él dijo: «Yo voy a él, mas él no volverá a mí» (2 S 12.23, NTV). Por eso, en lo que a Wendy y a mí respecta, tenemos dos hijos aquí en la tierra y uno en el cielo. Si tienes seres queridos que han fallecido, no te desanimes. Si son creyentes, los verás de nuevo. Se acaban de trasladar a un lugar donde no hay enfermedad, ni dolor ni adversidad, y están más vivos que cualquiera de nosotros.

LA ORACIÓN DE HOY

Señor Jesús, gracias por estar en los valles conmigo y por estar cerca de mí cuando tengo el corazón roto y el espíritu aplastado.

Ayúdame a saber en mi corazón, cuando camine por el valle, que la fe no consiste en emociones. Declaro que mi confianza está en ti, y que creo en ti para recibir una completa restauración de todo lo que he perdido. Amén.

NO TENEMOS TODAS LAS RESPUESTAS

Le devolveré sus viñedos y convertiré el valle de la Aflicción en una puerta de esperanza.

—*Oseas 2.15,* NTV

Tal vez tú mismo estés pasando por un valle difícil. Tal vez estés decepcionado con Dios porque has perdido a un ser querido o porque llevas años luchando con esa enfermedad.

Quiero animarte a que no preguntes por qué. Preguntar por qué solo te llevará a una espiral descendente hacia la depresión. No preguntes: «¿Por qué me pasó esto?». No preguntes: «¿Por qué mi hijo no se ha curado aunque he confiado en ti durante años?» o «¿Por qué mi ser querido está pasando por una tragedia tras otra?».

El hecho es que, en este mundo caído, no tenemos todas las respuestas. Un día recibiremos nuestros nuevos cuerpos, lo corruptible se vestirá de incorrupción, y lo mortal, de inmortalidad (1 Co 15.53). Pero, hasta entonces, reconozco que a veces pasan cosas malas y no sé *por qué.*

Pero lo que sí *sé* es esto: Dios es un Dios bueno. Él nos ama, y él *nunca* está detrás de ningún dolor que suframos. Nuestra fe en él no se basa en nuestras experiencias, sino en la inmutable y eterna Palabra de Dios, que no puede mentir.

Aunque las cosas no hayan ido como querías, no te quedes en tu decepción. El diablo quiere que te enojes con Dios y que renuncies a sus promesas. Pero tú sigue creyendo que Dios está *a favor* y no en contra de ti. Aunque el enemigo haya destruido algo en tu vida, e incluso si has perdido años esperando que se manifestara tu sanidad, o te han sido robados los días de tu juventud, continúa creyendo que Dios puede devolverte lo que has perdido (Jl 2.25; Job 33.25).

Amigo mío, «Mantengamos firme, sin fluctuar, la profesión de nuestra esperanza, porque fiel es el que prometió» (Heb 10.23). Sigue buscando *al* Señor para ver un cambio en tu vida. Y, si te encuentras demasiado cansado para seguir creyendo, espero que esta promesa te sostenga:

Pero los que esperan a Jehová tendrán nuevas fuerzas; levantarán alas como las águilas; correrán, y no se cansarán; caminarán, y no se fatigarán. (Is 40.31)

EL PENSAMIENTO DE HOY

Es posible que no tengamos todas las respuestas, pero podemos tener la plena seguridad de que los problemas que a veces experimentamos en los valles no son obra de Dios. Cuando estés en un valle de tribulaciones, sigue creyendo en la bondad y el amor del Señor que se te mostraron en la cruz, y verás que él abre una puerta de esperanza para tu restauración y sanidad.

LA ORACIÓN DE HOY

Señor Jesús, gracias porque no necesito tener todas las respuestas a los «por qué» sobre los males y dolores a los que me enfrento. Gracias porque eres un Dios bueno que me ama. Tú eres mi Dios, que siempre está a mi favor y nunca en mi contra. Declaro que, para garantizar mi sanidad y restauración, mi esperanza está solo en ti y en lo que hiciste por mí en la cruz. Amén.

BUSCA AMIGOS QUE PUEDAN SOSTENERTE

Entonces vinieron a él unos trayendo un paralítico, que era cargado por cuatro.

—Marcos 2.3

A veces, cuando vamos por nuestra cuenta, nos cuesta tener fe. Cuando no tienes fuerza ni fe, necesitas que otros te ayuden a salir adelante. Quiero compartir contigo un precioso testimonio de Audrey, una líder de mi iglesia que experimentó eso.

En la vigésimo novena semana de su embarazo, rompió aguas y la ingresaron en el hospital para guardar reposo. Los amigos oraban con ella y con su esposo, y los acompañaban en la fe de que tendrían un bebé sano. Su esposo y ella también tomaban la Santa Cena con la mayor frecuencia que podían.

En la trigésima semana nació la bebé Jenna, que pesó 1,5 kg; gracias a Dios, sin mayores complicaciones. Podía respirar sola y todos sus órganos estaban intactos y funcionaban correctamente. Progresó desde ser un pequeño bebé asistido con tubos y agujas a alimentarse por sonda y finalmente a alimentarse con normalidad. El viaje diario al hospital era agotador para Audrey, pero estaba agradecida por los amigos cristianos que los sostenían en oración. Muchos de ellos tomaban la Santa Cena por su cuenta orando por ellos. Después de cuarenta días en el hospital, permitieron que Jenna se fuera a casa.

Sin embargo, pronto tuvieron que llevarla de vuelta a la UCI del hospital, ya que su ritmo cardíaco bajó a niveles críticos y luego subió muchísimo. Audrey estaba destrozada y por aquel entonces estaba perdiendo el hábito de la oración y la fe. Pero los amigos y los líderes de la iglesia siguieron envolviendo a Audrey y a su esposo en un ambiente de fe y oración, incluso cuando siguieron encontrando reveses.

Durante ese tiempo, Audrey contó que yo prediqué un nuevo mensaje sobre la Santa Cena en la iglesia y, después de escucharlo, ella y su esposo perseveraron y siguieron tomando la Santa Cena por la pequeña Jenna hasta que por fin estuvo fuera de peligro. Fue una ardua travesía, pero Jenna regresó a casa fuerte y saludable. ¡Aleluya! Audrey compartió:

Cuando pienso en cómo Jesús sanó al paralítico al ver la fe de los cuatro amigos que lo bajaron por el techo, le doy gracias a Dios porque también tuvimos estos «cuatro amigos». Nuestros amigos oraban continuamente por Jenna, nos animaban a seguir clamando por la sanidad divina, y a participar de la Santa Cena.

Si has estado lidiando con una enfermedad prolongada o estás agotado por cuidar de un ser querido que lleva mucho tiempo enfermo, se te puede presentar la depresión, como reacción a esta carga demasiado pesada. Amigo mío, trae tus preocupaciones a Dios, sabiendo que él tiene cuidado de ti con el más profundo afecto y te observa con la mayor atención (1 P 5.7). Además, quiero que sepas que Dios no te diseñó para desenvolverte en un vacío. Él quiere que estés en una iglesia local y no olvides la exhortación a no dejar «de congregarnos», sino a exhortarnos y animarnos mutuamente (Heb 10.25). La iglesia no es perfecta, en absoluto. Pero sí tenemos un perfecto Salvador que ha hecho una obra perfecta en la cruz, y hay seguridad, sanidad y provisión en la casa de Dios.

————

EL PENSAMIENTO DE HOY

Una de las tácticas del enemigo es tratar de alejarte del cuerpo de Cristo y aislarte. Eso es lo que le hizo al endemoniado gadareno, que se retiró de la sociedad para vivir entre los sepulcros (Mr 5.1-5). No dejes que te haga eso. Si no estás en una iglesia local, ¿puedo animarte a que te plantees buscar una?

LA ORACIÓN DE HOY

Padre, gracias porque la iglesia es idea tuya, porque es el cuerpo de Cristo y él es la cabeza. Gracias por proveernos de la iglesia local para que sea un lugar poderoso donde rodearme de líderes y amigos piadosos que me aman, me animan y me ayudan a venir a ti. Ayúdame a ser plantado en la seguridad, sanidad y provisión de tu casa. Amén.

BUSCA AL SANADOR

Y comenzando desde Moisés, y siguiendo por todos los profetas, les declaraba en todas las Escrituras lo que de él decían.

—Lucas 24.27

DÍA 82

VE A JESÚS *MISMO*

Sucedió que mientras hablaban y discutían entre sí, Jesús mismo se acercó, y caminaba con ellos.

—Lucas 24.15

Me encanta que, de todas las palabras que pudo haber elegido para darle nombre a esta hermosa comida, Dios eligió la palabra *Cena*. Habla de la relación que Dios quiere tener con nosotros, la cercanía e intimidad que desea tener con nosotros. Sé que puede ser fácil perder eso de vista e incluso ver la Santa Cena como un medio para un fin, sobre todo cuando estás luchando contra tus síntomas. Pero, mientras sigues viniendo a la Mesa del Señor, no busques solo la sanidad, perdiendo de vista al que te preparó la mesa. Busca al sanador, y no solo la sanidad. Busca al que bendice, y no solo la bendición. Cuando lo tienes a él, lo tienes todo.

En la lectura de hoy y en las dos siguientes, quiero animarte con una de mis historias favoritas del Nuevo Testamento. Al llegar al final de este libro, ruego a Dios que no te quedes solo con la mera *información* sobre lo que es la Santa Cena, sino que hayas experimentado lo mismo que los dos discípulos en el camino a Emaús cuando Jesús mismo se acercó, y caminaba con ellos. Ese viaje a Emaús tuvo lugar el mismo día en que nuestro Señor Jesús se levantó de la tumba. ¿Qué era tan importante para el Señor como para hacerlo el día de su resurrección?

El Cristo resucitado hizo esto:

Y comenzando desde Moisés, y siguiendo por todos los profetas, les declaraba en todas las Escrituras lo que de él decían. *(Lc 24.27)*

Más tarde, los dos discípulos se dijeron: «*¿No ardía nuestro corazón en nosotros*, mientras nos hablaba en el camino, y cuando nos abría las Escrituras?» (Lc 24.32).

Como pastor, eso es lo que me esfuerzo por hacer todos los domingos, y eso es lo que pido a Dios haber logrado en las páginas de este libro. Espero, por la gracia de Dios, haber podido exponerte en las Escrituras, no una lista de normas y reglamentos, ni de conocimientos que inflen el *intelecto*, sino cosas concernientes a *él*.

Le pido a Dios que tu corazón haya ardido dentro de ti al ver a Jesús en las Escrituras y que hayas experimentado su profundo y personal amor por ti como nunca. Espero que hayas sentido al *mismo* Jesús acercándose a ti, prodigándote su amor e impartiéndote todo lo que necesitas. Y, más allá de lo que pueda hacer por ti o por tu ser querido, más allá de la sanidad de esa enfermedad con la que podrías haber estado luchando, le pido a Dios que hayas tenido un encuentro con el *mismo* Señor Jesús.

EL PENSAMIENTO DE HOY

Cualquiera que sea tu necesidad de sanidad hoy, ya sea física, emocional o mental, la respuesta está en una mayor revelación del propio Jesús. Cuando se te revele Jesús, tu corazón arderá con amor y pasión, tu cuerpo se renovará y tu mente se llenará de su paz *shalom*, su alegría y su firmeza. ¡Todo gira en torno a Jesús!

LA ORACIÓN DE HOY

Precioso Señor Jesús, gracias por mostrarme tu amor y lo que sientes por mí. Al venir a tu mesa hoy, vengo con el deseo de acercarme a ti y contemplar tu belleza y tu gracia. Gracias porque al estar en comunión contigo, me impartes todo lo que necesito. Abre siempre mis ojos, Señor, para ver más de ti en las Escrituras. Amén.

CONÓCELO A TRAVÉS DE LA SANTA CENA

Entonces les fueron abiertos los ojos, y le reconocieron.

—Lucas 24.31

Después de la resurrección de Jesús, antes incluso de que se apareciera a Pedro, Santiago y Juan, eligió aparecerse a dos discípulos de camino a Emaús. ¿Por qué?

Creo que el Señor estaba a punto de emprender un viaje de restauración. Esto me emociona tanto que apenas puedo contenerme, porque creo que lo que estás a punto de leer te dejará alucinado y además sanará tu cuerpo. Quiero que veas el desarrollo de la restauración.

Veamos lo que pasó en el jardín del Edén, donde el Señor caminó con *dos*, Adán y Eva (Gn 3.8):

Y vio la mujer que el árbol era bueno para comer, y que era agradable a los ojos, y árbol codiciable para alcanzar la sabiduría; y tomó de su fruto, y comió; y dio también a su marido, el cual comió así como ella. Entonces fueron abiertos los ojos de ambos, y conocieron que estaban desnudos. (Gn 3.6–7)

Comieron del árbol del conocimiento del bien y del mal. Y sus ojos se abrieron a su desnudez. A través de ese acto de comer de un árbol, el pecado y la muerte entraron en el mundo (Ro 5.12). El hombre no fue creado para tener enfermedades, trastornos o dolencias. El hombre no fue creado para envejecer y morir. Dios odia la muerte. Por eso llama enemigo a la muerte (1 Co 15.26). Nuestro Señor Jesús incluso lloró por la muerte de Lázaro (Jn 11.35).

Pero mira cómo Dios lo revirtió todo mediante lo que pasó con los dos discípulos al final del viaje a Emaús. El pecado y la muerte entraron a través de un acto de comer, y vamos a ver a Jesús restaurar todo lo que se perdió en el jardín del Edén, a través de otro acto de comer:

> *Y aconteció que estando sentado con ellos a la mesa*, tomó el pan y lo bendijo, lo partió, y les dio. *Entonces les fueron abiertos los ojos, y le reconocieron. (Lc 24.30-31)*

Mientras los dos discípulos caminaban hacia Emaús con Jesús, tenían los ojos velados y el Señor les impidió reconocerle (Lc 24.16). Pero, en el momento en que tomaron el pan de manos de Jesús, la Biblia nos dice que se abrieron sus ojos. Pero esta vez, a diferencia de Adán y Eva, sus ojos se abrieron para reconocer a Jesús. La palabra *reconocieron* usada aquí es en griego *epiginosko*, que significa «conocimiento o revelación plena o íntima».[1] Cuando tomaron el pan y lo comieron, sus ojos se abrieron para percibir quién estaba realmente en medio de ellos: ¡el Mesías al que habían seguido, que había traído sanidad, restauración y vida a tantos, y que había derrotado a la muerte!

¿Qué es este partimiento del pan que pudo hacer que los dos discípulos *reconocieran* a Jesús? ¿No te recuerda esto a otro momento en el que Jesús tomó el pan, lo bendijo y lo partió, y se lo dio a los discípulos, diciendo: «Tomad, comed; esto es mi cuerpo» (Mt 26.26; Mr 14.22)? ¡El Cristo resucitado tomó la Santa Cena con los dos discípulos!

———

EL PENSAMIENTO DE HOY

Cada vez que partas el pan, que tus ojos se abran para *ver a Jesús*, y que puedas *reconocerle*. Que lo conozcas cada vez más a fondo y tengas una revelación cada vez más profunda de su belleza y perfección. La Santa Cena consiste en recordarlo a él, no su sanidad, ni sus milagros, solo a Jesús *mismo*.

LA ORACIÓN DE HOY

Señor Jesús, gracias porque viniste y moriste por mí, resucitaste victorioso sobre el pecado y la muerte, y revertiste todo lo que se había perdido en el jardín del Edén. Gracias porque al participar de la Santa Cena, abres mis ojos para ver revelaciones más profundas de quién eres y qué has hecho para que pueda conocerte de verdad. Que tu completa restauración continúe desarrollándose en mi vida. Amén.

TOMAR DEL ÁRBOL DE LA VIDA

*Y aconteció que estando sentado con ellos a la mesa, tomó el
pan y lo bendijo, lo partió, y les dio.*

—Lucas 24.30

En la lectura de ayer, describí cómo el Cristo resucitado celebró la Santa
Cena con los dos discípulos. Qué gran honor divino ha puesto el Señor
Jesús en el partimiento del pan, en este maravilloso sacramento que ha
dado a la iglesia. Por eso en mi iglesia tomamos la Santa Cena todas las
semanas. Eso es lo que la iglesia primitiva también hacía. El libro de
Hechos nos dice que «el primer día de la semana» los discípulos se reunían «para partir el pan» (Hch 20.7). ¿No deberíamos poner el énfasis en
lo mismo que nuestro Señor Jesús?

Vimos anteriormente que Dios creó a Adán y Eva completos, excepto
por una cosa: sus ojos espirituales no estaban abiertos. Dios quería que sus
ojos espirituales fueran abiertos por el árbol de la vida, pero, en vez de eso,
ellos tomaron del árbol del conocimiento del bien y del mal, y sus ojos se
abrieron para ver su desnudez. Sus ojos se abrieron para ver sus fracasos
y deficiencias, sus carencias e insuficiencias, su pecado y su vergüenza.

Pero nuestro Señor Jesús estaba restaurando todo lo que se había perdido en ese huerto. Creo que cuando partió el pan para los dos discípulos,
les permitió comer del árbol de la vida, el árbol del que Dios quería que
el hombre comiera. Nuestro Señor Jesús *es* el árbol de la vida y, cuando
participamos de su cuerpo roto, estamos comiendo de dicho árbol. Por
eso, en cuanto los dos discípulos tomaron el pan, *sus ojos se abrieron y*

reconocieron al Señor Jesús. El apóstol Pablo también oró para que se abran nuestros ojos, para que veamos a Jesús, para que tengamos una verdadera revelación de su amor (Ef 1.17–18; 3.18–19). Llevaba años buscando en las Escrituras para saber más sobre el árbol de la vida y estaba emocionadísimo cuando el Señor me mostró esto.

Después de que los dos discípulos participaron del árbol de la vida, creo que algo les pasó a sus cuerpos: fueron imbuidos y revitalizados con la vida de resurrección de Cristo. Por eso pudieron levantarse en esa misma hora para caminar de vuelta a Jerusalén (Lc 24.33), cubriendo más de veintidós kilómetros en un día (Lc 24.13). Hoy podemos regocijarnos porque esa misma vida de resurrección fluye en nuestros cuerpos *cada vez* que participamos de la Cena del Señor.

Por cierto, después de su pecado, los corazones de Adán y Eva se helaron de miedo y se escondieron al oír la voz de Dios en el huerto (Gn 3.10). Pero, mientras el Cristo resucitado caminaba con ellos en el camino a Emaús, el corazón de los dos discípulos ardía de amor por Jesús (Lc 24.32) y querían estar más tiempo con él (Lc 24.29). Nuestro Señor Jesús ha restaurado la relación con Dios que se había roto y perdido con la caída de Adán y Eva, y hoy ya no tenemos que tener miedo del Señor. Sean cuales sean las dificultades que se nos presenten, podemos estar seguros de que él es *por* nosotros (Ro 8.31) y podemos acercarnos confiadamente a su trono de gracia (Heb 4.16).

EL PENSAMIENTO DE HOY

Con su acto de comer, Adán y Eva entraron en la maldición y, con ella, en la enfermedad, el estrés, las afecciones, el dolor y la muerte. ¡Tú y yo podemos participar del árbol de la vida siempre que participamos de la Cena del Señor, que *nos da entrada a la salud y la vida*!

LA ORACIÓN DE HOY

Señor Jesús, gracias por el sacrificio de tu cuerpo en la cruz para ser árbol de vida para mí y para permitirme vivir cada día sin culpa, condenación ni vergüenza. Gracias porque puedo tomar del árbol de la vida cada vez que participo de la Santa Cena y entrar así a la vida y a la salud. ¡A ti sea toda la alabanza y la gloria! Amén.

TODO GIRA EN TORNO A JESÚS

Él mismo tomó nuestras enfermedades,
y llevó nuestras dolencias.

—*Mateo 8.17*

A estas alturas, estarás familiarizado con Isaías 53.4, que dice: «Ciertamente llevó él nuestras enfermedades, y sufrió nuestros dolores». Observa cómo el autor del Evangelio de Mateo lo cita en el versículo de hoy.

Me encanta la expresión *él mismo* por lo personal e íntima que es. Sin duda, él mismo tomó nuestras enfermedades y llevó nuestras dolencias. No lo hizo un ángel. Tu salud y tu integridad eran demasiado importantes para él, así que *él mismo* cargó con todas tus enfermedades y dolencias.

Tómate un tiempo para meditar en la expresión *él mismo*. Tómate un tiempo para recordar a Aquel que sufrió y murió por ti, Aquel que tomó tus enfermedades y las llevó sobre sí para que tú no tuvieras que sufrirlas. Lo hizo *Jesús mismo* porque tú eres muy valioso para él.

Sea cual sea la enfermedad que te hayan diagnosticado, Jesús mismo la ha tomado sobre su propio cuerpo. No te concentres en buscar la sanidad; concéntrate en el Señor Jesús mismo. Pon la mirada en «quien llevó *él mismo* nuestros pecados en su cuerpo sobre el madero, para que nosotros, estando muertos a los pecados, vivamos a la justicia; y por cuya herida fuisteis sanados» (1 P 2.24).

Muchas veces, cuando lo buscas y pasas tiempo en su presencia, tus miedos y preocupaciones se desvanecen. Encuentras que en su presencia hay paz *shalom*. Hay sanidad. Hay plenitud. Y, cuando buscas tus síntomas, *ya no* los encuentras. ¿Por qué? Porque estás en presencia del Sanador.

Cuando Dios les dijo a los hijos de Israel: «Yo soy el Señor, quien los sana» (Éx 15.26, NTV), se presentaba como *Jehová Rafa*. No les dijo: «Les daré sanidad» o «Les daré salud». Les dijo «YO SOY su sanidad, y YO SOY su salud». Cuando tocas a Jesús, tocas la sanidad. Él no da la sanidad como si fuera una cosa. Se da a sí mismo.

No tienes que buscar la sanidad, la provisión y la protección. Cuando tienes a Jesús, tienes todo lo que necesitas. Si una parte de tu cuerpo sufre muerte, el Señor te dice: «*Yo* soy la resurrección y la vida» (Jn 11.25). Si te han dicho que morirás joven, el Señor te dice que «*él* es vida para ti, y prolongación de tus días» (Dt 30.20). Si te han dado un diagnóstico negativo y tienes miedo, él te dice: «No temas [...] *yo* soy tu escudo» (Gn 15.1). Si has estado lidiando con una recaída tras otra y estás aplastado por el desánimo, el Señor te declara: «*Yo* soy tu fortaleza y tu cántico» (Éx 15.2).

EL PENSAMIENTO DE HOY

Hay muchos estudios que afirman haber hallado el secreto de la longevidad y la salud. Estoy totalmente de acuerdo en que *debes* hacer elecciones saludables en cuanto a comida y estilo de vida. Pero, mientras tu bienestar dependa de las cosas que tienes que *hacer*, no estarás seguro. Mejor, que tu salud y tu seguridad se basen en alguien que nunca falla, alguien que todo lo puede, todo lo sabe y, lo mejor de todo, todo lo ama. Entonces podrás tener una seguridad inquebrantable y una paz indescriptible.

LA ORACIÓN DE HOY

Precioso Señor Jesús, gracias porque fuiste tú mismo quien me amó tanto que tomaste mis enfermedades y dolencias en tu propio cuerpo en el madero. Gracias porque eres *Jehová Rafa*, el Señor que me sana y me devuelve la plenitud. Declaro que eres mi porción y que eres todo lo que necesito. Amén.

VIVIR SIENDO AMADO POR EL PASTOR

Yo apacentaré mis ovejas, y yo les daré aprisco, dice Jehová el Señor. Yo buscaré la perdida, y haré volver al redil la descarriada; vendaré la perniquebrada, y fortaleceré la débil.

—Ezequiel 34.15–16

Te enfrentes a lo que te enfrentes en tu vida, no tienes que ir por ahí tratando de satisfacer todas tus necesidades. Solo tienes que buscar a *Jesús mismo*. Cuando tienes a la persona de Jesús, posees todos los beneficios que vienen con la persona.

Este es un aspecto particular del Señor sobre el que quiero llamar tu atención.

A lo largo de la Biblia, vemos descripciones de Dios. Lo vemos personificado como nuestra fortaleza, nuestro refugio y nuestra torre. Una de las más frecuentes de Dios es la que lo presenta como nuestro Pastor. Y muchas veces vemos que se usan las imágenes del pastor y las ovejas en el contexto de la sanidad. Por ejemplo, en el versículo de hoy en Ezequiel.

Me encantan las Biblias que tienen un margen amplio porque puedo escribir mis notas y comentarios. Junto a Isaías 53.5–6 y 1 Pedro 2.24–25, escribí: «Esta imagen de pastor y rebaño fomenta la sanidad». Déjame mostrarte algo muy importante cuando compares estos dos pasajes de las Escrituras:

Mas él herido fue por nuestras rebeliones, molido por nuestros peca-
dos; el castigo de nuestra paz fue sobre él, y por su llaga fuimos
nosotros curados. Todos nosotros nos descarriamos como ovejas,
cada cual se apartó por su camino; mas Jehová cargó en él el pecado
de todos nosotros. (Is 53.5–6)

Quien llevó él mismo nuestros pecados en su cuerpo sobre el madero,
para que nosotros, estando muertos a los pecados, vivamos a la
justicia; y por cuya herida fuisteis sanados. Porque vosotros erais
como ovejas descarriadas, pero ahora habéis vuelto al Pastor y
Obispo de vuestras almas. *(1 P 2.24-25)*

Durante mi tiempo de estudio, sentí que el Señor me decía: «El día
que mi pueblo me vea como su pastor, y no solo lo sepa en su cabeza,
sino que realmente me experimente como su pastor, sus días de enfermedades habrán terminado». Éramos como ovejas descarriadas, y por
eso estábamos enfermos. Pero ahora *hemos vuelto al Pastor y Obispo de*
nuestras almas. Por eso, podemos tener la plena seguridad de que por
sus heridas somos sanados.

Por cierto, la palabra *vuelto* en el texto original en griego está en voz
pasiva.[1] Esto significa que tú no eres el sujeto activo aquí. Es el Espíritu
Santo el que te ha traído de vuelta y te ha hecho volver. ¿Recuerdas
la parábola que nuestro Señor Jesús contó sobre el pastor que dejó las
noventa y nueve ovejas para buscar la que se había perdido (Lc 15.1–7)?
El Pastor es el que busca la oveja perdida, la encuentra y se la carga al
hombro, lleno de alegría. Como ovejas, lo que nos corresponde es *sim-*
plemente consentir en ser amados por él, dejar que nos lleve sobre sus
hombros y descansar en su fuerza.

———————

EL PENSAMIENTO DE HOY

Querido amigo, el lugar más seguro en el que puedes estar hoy es en los hombros de tu amado Pastor, muy por encima de cualquier enfermedad y dolencia. Sea cual sea tu dolencia hoy, debes saber que él fue golpeado y azotado por ti, y recibir tu sanidad y plenitud de él. Él ha pagado el precio de tu completa sanidad. Por sus heridas eres sanado.

LA ORACIÓN DE HOY

Señor Jesús, gracias por haber abierto un camino para que yo regrese a ti, el Pastor de mi alma. Gracias porque, por los azotes que sufriste por mí, puedo estar seguro de que mis días de enfermedad han terminado. Acepto de buen grado vivir siendo amado por ti, ser llevado sobre tus hombros y descansar en tus fuerzas. Amén.

TODAS TUS NECESIDADES SON ATENDIDAS

Jehová es mi pastor;
nada me faltará.

—*Salmos 23.1*

Otra imagen famosa bien conocida de Dios como nuestro Pastor y Sanador la tenemos en el bello salmo 23. Lo escribió David, un pastor que veía al Señor como su Pastor. Tómate un momento y lee el salmo en tu Biblia.

Cuando veas al Señor como tu pastor, no te faltará nada, y eso incluye que no te faltará la salud. Sea cual sea la necesidad que tengas, no te faltará nada, porque tu Buen Pastor te proveerá. No tienes que correr desesperado tratando de encargarte de todo y viviendo como si no tuvieras a Dios. Sea cual sea la enfermedad a la que te enfrentes, mantente cerca del Pastor y deja que él te provea.

¿Te fijaste en qué es lo primero que hace el Pastor? El salmista escribió: «En lugares de delicados pastos me hará *descansar*» (Sal 23.2). Cuando le permitas ser tu Buen Pastor, te llevará a delicados pastos y te hará descansar. Puedes descansar, porque él te proveerá. Él te llevará junto a aguas tranquilas donde podrás beber y refrescarte. En hebreo usa la palabra *manuka*, bien traducida como «reposo», para referirse a las aguas tranquilas.[1] Él te quiere en un lugar donde reposes en lo que él ha hecho, en la victoria que él ya obtuvo en la cruz.

No es casual que muchos de los milagros de sanidad de Jesús tuvieran lugar en sábado. Curó a un hombre con una mano paralizada (Mt 12.10–13), a una mujer que llevaba dieciocho años encorvada (Lc 13.10–13), a un hidrópico (Lc 14.2–4), y en el estanque de Betesda a otro hombre que llevaba treinta y ocho años enfermo (Jn 5.2–9), todo en sábado. Dios le dijo a su pueblo que observara el sábado como día de reposo (Éx 20.8–11). Cuando descansamos, Dios trabaja; cuando trabajamos, Dios descansa. ¡No sé tú, pero yo no puedo permitirme no tener a Dios trabajando en cada parte de mi vida!

Tal vez tus seres queridos o tú han estado lidiando con una dolencia crónica. Permíteme explicarte que «reposo» no significa que no cumplas con lo que los doctores te han aconsejado, que no realices los ejercicios de fisioterapia que te han prescrito, ni que te quedes sentado en casa en actitud de negación. El reposo *no* es inactividad; es una actividad dirigida por el Espíritu en la que permites que el Espíritu Santo te guíe en lo que tienes que hacer, y lo haces sin preocuparte porque sabes que él tiene el control.

¿Quieres saber cuál es el resultado cuando dejamos que el Señor nos dé su reposo? Déjame mostrarte lo que dijo el rey Salomón:

Ahora Jehová mi Dios me ha dado paz por todas partes; pues ni hay adversarios, ni mal que temer. (1 R 5.4)

¿No es maravilloso? Pido a Dios que lo experimentes en el nombre de Jesús, para que llegues a un punto en el que no haya ni adversarios ni males en tu vida. ¡Amén!

EL PENSAMIENTO DE HOY

Querido amigo, no tienes que tratar de manejarlo todo ni de tener el control de todo en tu vida. Dios no te hizo para que fueras tu propio salvador. Dios es nuestro Buen Pastor, y quiere que vivas la vida siendo amado por él, consciente de que él vela por ti. Sea lo que sea a lo que te enfrentes, puedes estar sin temor a ningún mal, porque tu Pastor está contigo.

LA ORACIÓN DE HOY

Señor Jesús, gracias por ser mi Buen Pastor y Sanador que me cuida y cubre todas mis necesidades. Gracias porque me haces descansar en verdes pastos para que repose en la victoria que ya has ganado en la cruz. Creo que me darás descanso por todas partes y me protegerás contra los adversarios y las circunstancias adversas. Amén.

TRAÍDA DE REGRESO A LA VIDA

Aunque ande en valle de sombra de muerte,
No temeré mal alguno,
porque tú estarás conmigo;

—*Salmos 23.4*

El salmista David dice que no debemos temer ningún mal, aunque caminemos por el valle de sombra de muerte, porque nuestro Buen Pastor *está* con nosotros. Hace algunos años, vi personalmente cómo el Señor llevó a cierta persona por el valle de sombra de muerte y la trajo literalmente de la muerte a la vida por medio de la Santa Cena.

Durante años habíamos organizado viajes a Israel para los miembros de nuestra iglesia. Un día nos informaron que había habido una emergencia. Una de las señoras de nuestra iglesia acababa de aterrizar en Tel Aviv. Cuando estaba desembarcando del avión, se desplomó de repente y empezó a echar espuma por la boca. Enviaron inmediatamente una ambulancia, pero, de camino al Centro Médico Assaf Harofeh, sufrió un paro cardíaco y su corazón se detuvo. En el hospital, los doctores trataron de salvarla, pero no hubo respuesta y casi se dieron por vencidos. Gracias a Dios, lograron reanimarla. Sin embargo, solo pudieron mantenerla con vida con respiración artificial, y su estado seguía siendo crítico.

Sus médicos le diagnosticaron una trombosis venosa profunda, una rara enfermedad que se desarrolla cuando se forma un coágulo de sangre en una vena profunda. Durante el vuelo, se le había formado un coágulo en la pierna, que se le fue al corazón y finalmente a uno de sus pulmones.

Advirtieron que no podría sobrevivir y que, aunque lo hiciera, su cerebro había estado demasiado tiempo sin oxígeno. Los doctores la controlaban de cerca, temiendo que empeorara aún más.

Su esposo y algunos de los familiares que la acompañaban oraron por ella y tomaron la Santa Cena, declarando salud sobre ella. Los líderes de la iglesia que dirigían el grupo turístico también oraron por ella.

Mientras tanto, mis pastores y yo estábamos en otra parte de Israel y, para cuando llegamos al hospital, tenía la cara toda hinchada y estaba conectada a varios tubos e instrumentos médicos. Uno de mis pastores me contó más tarde que ella estaba en una situación tan lamentable que no podía ni mirarla. Tuvo que cerrar los ojos cuando oró por ella. Humanamente, era muy difícil creer en su recuperación. Pero, por fe, participamos de la Santa Cena en la unidad de cuidados intensivos junto con su familia y declaramos que, por el cuerpo quebrantado de nuestro Señor Jesús, ella estaba recibiendo vida.

Al día siguiente, recuperó la consciencia. Y sus doctores no encontraron ni rastro de ningún coágulo. No podían entender qué había pasado con el coágulo. Dijeron que su recuperación era un «milagro» e insistieron en mantenerla en observación unos días. Pero nosotros sabíamos lo que había pasado. ¡Nuestro Señor Jesús la había curado y le había quitado el coágulo!

EL PENSAMIENTO DE HOY

¿Y adivinas lo que hizo la señora cuando le dieron el alta? Se unió al siguiente grupo de turistas de nuestra iglesia, y el primer lugar que visitó fue la Tumba del Huerto, el lugar donde nuestro Señor Jesús resucitó de entre los muertos. ¡Aleluya! Hoy, sea lo que sea a lo que te enfrentes, su victoria sobre la muerte también es tuya.

LA ORACIÓN DE HOY

Señor Jesús, gracias por acompañarme a través de todos los valles de la enfermedad, de las heridas, del dolor e incluso de la sombra de muerte. Gracias por la provisión de la Santa Cena que me permite participar de tu cuerpo partido y de tu sangre derramada. Gracias porque te reúnes conmigo en la Santa Cena y sigues inundando mi vida con tu vida y devolviéndome la salud. Amén.

LO MEJOR QUE TIENE EL CIELO

No temáis, manada pequeña, porque a vuestro Padre le ha placido daros el reino.

—*Lucas 12.32*

Nuestro Señor Jesús entró en una sinagoga un sábado, y había allí un hombre con una mano seca. Los fariseos buscaban oportunidades para acusar a Jesús de algún mal, así que lo retaron, diciendo: «¿Es lícito sanar en el día de reposo?». Nuestro Señor respondió: «¿Qué hombre habrá de vosotros, que tenga una oveja, y si esta cayere en un hoyo en día de reposo, no le eche mano, y la levante? Pues ¿cuánto más vale un hombre que una oveja? Por consiguiente, es lícito hacer el bien en los días de reposo. Entonces dijo a aquel hombre: Extiende tu mano. Y él la extendió, y le fue restaurada sana como la otra» (Mt 12.9–13).

Quiero que sepas algo: cuando alguien está enfermo, el Señor nunca falla ni condena a la persona. Él ve a la persona como una oveja que ha caído en un hoyo, que necesita ser rescatada. Si se trata de un problema de salud, no permitas que el acusador te haga creer no apto para recibir su sanidad diciéndote cosas como: «Debiste haber cuidado tu dieta» o «Tenías que haber hecho más ejercicio». Aunque sea culpa tuya, el Señor Jesús puede curarte y está más que dispuesto a hacerlo.

Eso no significa que no seas sabio en el cuidado de tu salud. Si se lo permites, el Señor puede guiarte incluso en cuestiones prácticas, como qué comer y cómo hacer ejercicio. La clave está en no prestar tu oído a la voz de la vergüenza, la condena y la acusación. ¡Escucha más bien la voz de tu Pastor que viene a rescatarte!

Nuestro Buen Pastor dice que él da su vida por las ovejas (Jn 10.11). Pero ¿conoces el contexto de este versículo? Deja que te lo enseñe:

> *«El ladrón no viene sino para hurtar y matar y destruir; yo he venido para que tengan vida, y para que la tengan en abundancia. Yo soy el buen pastor; el buen pastor su vida da por las ovejas».*
> *(Jn 10.10-11)*

Aunque él es nuestro Pastor, dio su vida como el Cordero de Dios. Apocalipsis 5.12 declara: «El *Cordero* que fue inmolado es digno». ¿Por qué usa Dios en el sacrificio la imagen del Cordero y no la del Pastor? Porque Dios quiere que veas que Jesús murió en *tu* lugar. Él, el Buen Pastor, se convirtió en el Cordero de Dios por ti. Puedes tener la vida más abundante no porque la merezcas, sino porque él dio su vida por la tuya. Él cargó con tus enfermedades y tus dolores, y te dio su integridad y su salud.

Escucha hoy la voz de Jesús diciéndote: «No temáis, manada pequeña, porque a vuestro Padre le ha placido daros el reino» (Lc 12.32). Sea cual sea la dolencia a la que te enfrentes, puedes creer que verás la plena manifestación de su sanidad. Sigue tomando del árbol de la vida y permite que su vida abundante inunde tu cuerpo cada vez que participas de él.

———

EL PENSAMIENTO DE HOY

Dios ya te ha dado lo mejor que tiene el cielo, el mismo Señor Jesús. ¿Cómo no va a darte también con Jesús *todas las cosas gratuitamente* (Ro 8.32)? Sea lo que sea a lo que te enfrentes, no te desanimes. ¡*Verás* «la bondad de Jehová en la tierra de los vivientes» (Sal 27.13)!

LA ORACIÓN DE HOY

Padre, gracias por darme lo mejor que tienes, el Señor Jesús mismo, para que fuera el Cordero digno que fue sacrificado en mi lugar. Gracias porque él llevó mis enfermedades y dolores y me da salud y bienestar. Creo y declaro que por medio de la Santa Cena veré la plena manifestación de mi sanidad y abundancia de vida. En el nombre de Jesús, amén.

DÍA 90

TOMÉMOSLA

*Y mientras comían, Jesús tomó pan y bendijo, y lo partió y les
dio, diciendo: Tomad, esto es mi cuerpo. Y tomando la copa,
y habiendo dado gracias, les dio; y bebieron de ella todos. Y
les dijo: Esto es mi sangre del nuevo pacto, que por muchos es
derramada.*

—*Marcos 14.22–24*

Le pido a Dios que este libro te haya fortalecido y animado, y que ahora
sepas, sin sombra de duda, que Dios quiere que tus seres queridos y tú
sean sanados y estén bien. También espero que hayas aprendido que
puedes venir confiadamente a su mesa y comer y beber de la sanidad
sobrenatural, la salud, la plenitud y la vida del Señor a través de la
Santa Cena.

Puedes participar de la Santa Cena tú solo. Pero quiero animarte a
que la tomes con tu familia o con creyentes afines que puedan envolverte
con su fe, sobre todo cuanto te encuentres sin fuerzas para creer por ti
mismo. Cuando te congregas en su nombre, él promete en su Palabra que
estará en medio de ustedes (Mt 18.20). No hagas este viaje solo.

De momento, ¿me concederías el privilegio de participar de la
Santa Cena contigo? Por favor, prepara los elementos de la Santa Cena
y, cuando estés listo, sigue leyendo.

Sostengamos el pan en nuestras manos y hablemos con nuestro Sanador, quien pagó el precio de nuestra salud e integridad en la cruz del Calvario:

Querido Señor Jesús, venimos a ti y recordamos todo lo que has hecho por nosotros en la cruz. Gracias porque nos amas tanto que renunciaste al cielo por nosotros. Gracias por permitir que tu cuerpo fuera partido para que el nuestro esté completo. Al participar, recibimos la vida, la salud y la fuerza de tu resurrección. Por tu gracia, estaremos completamente fuertes y saludables todos los días de nuestra vida. Nuestros ojos no se oscurecerán ni perderemos nuestro vigor. No puede permanecer ninguna enfermedad en nuestro cuerpo porque el mismo poder que te levantó de la tumba es el que fluye a través de nosotros. Por tus heridas somos sanados.

Comamos el pan.

Ahora sostén la copa en tus manos y dile:

Señor Jesús, gracias por tu preciosa sangre. Gracias por lavarnos de todos nuestros pecados. Estamos ante ti completamente justos y perdonados. ¡Tu sangre nos ha redimido de toda maldición y hoy podemos recibir gratuitamente todas las bendiciones que coronan la cabeza de los justos!

Bebamos.

En este mismo momento, yo creo que ya estás más fuerte y saludable. ¡Aleluya!

Estoy deseando tener noticias tuyas cuando recibas tu cambio para mejor. Cuando eso suceda, escríbeme, por favor, a JosephPrince.com/eat para que juntos podamos animar a otros que siguen confiando en que Dios los va a sanar.

———

EL PENSAMIENTO DE HOY

Le pido al Señor que ya haya dejado en tu corazón un imborrable depósito y que hayas experimentado su amor personal por ti de una manera que nunca imaginaste. Espero que continúes viendo en todas las Escrituras todo lo que habla sobre Jesús. Y que vengas a su mesa a menudo, aprovechando todas las oportunidades para recordar todo lo que ha hecho por ti y proclamar su obra terminada. Declaro que tus días de mayor salud, fortaleza y energía están por venir, ¡en el nombre de Jesús! Amén.

La vida vuelve al bebé no nacido después de recibir la Santa Cena

Mi familia y yo siempre quisimos tener otro hijo. Pero, con el paso del tiempo, me di por vencida porque ya pasaba de los cuarenta, y para las mujeres de mi edad no es fácil concebir de forma natural.

Un día mi hija menor me preguntó cuándo tendría otro hijo. Le dije: «Vamos a orar, y Dios nos dará uno». Esa noche no pude dormir. ¡Me hice un test de embarazo y vi que estaba encinta!

Sin embargo, en el primer chequeo con el ginecólogo, nos dijeron que a nuestro bebé no le latía el corazón y que era habitual que las mujeres de mi edad produjeran óvulos que son menos saludables que los de las jóvenes. Además, no era la primera vez que perdía un hijo, pues había tenido dos abortos. Nos dijeron que esperáramos otra semana para ver si nuestro bebé tenía algún latido. Si no, debía someterme a una intervención para extraer al bebé.

Para entonces llevaba cuatro años y medio escuchando y traduciendo mensajes del pastor Prince. Además de ser bendecida por su predicación sobre la gracia de Dios, también me impactaron profundamente sus enseñanzas sobre la Santa Cena. Aunque he sido cristiana casi

> ORAMOS, PARTICIPAMOS DE LA SANTA CENA Y CREÍMOS EN UN MILAGRO DE DIOS [...]. MI BEBÉ REVIVIÓ Y EMPEZÓ A CRECER DE NUEVO CUANDO EMPEZAMOS A RECIBIR LA SANTA CENA.

toda mi vida, no había conocido el verdadero significado de la Santa Cena hasta que escuché al pastor Prince enseñar sobre ella. Durante la semana siguiente, oramos, participamos de la Santa Cena y creímos en un milagro de Dios.

En el siguiente chequeo, a mi bebé seguía sin latirle el corazón, y me dijeron que pidiera cita para la intervención. Vacilé porque no había arreglado el cuidado de nuestras hijas con mi marido. Pensando que tenía el corazón demasiado roto para pasar por aquello, el ginecólogo me dijo que podía esperar una semana más antes de someterme a la intervención.

Durante este tiempo, oré con mis hijas y les dije que, aunque no naciera, de todos modos podríamos ver al bebé en el cielo. Continué orando, tomando la Santa Cena con paz en mi corazón, y escuchando los mensajes del pastor Prince.

Fui a un tercer chequeo y esta vez sí que captaron el latido de su corazón. Mi ginecólogo estaba muy sorprendido. Yo creo que mi bebé revivió y empezó a crecer de nuevo cuando empezamos a recibir la Santa Cena. Nuestro bebé milagro nació sano y feliz. ¡Dios es grande y fiel!

Amy | Taiwán

NOTAS

DÍA 6

1. NT: 1252, Joseph Henry Thayer, *Thayer's Greek Lexicon* (base de datos electrónica). Copyright © 2000, 2003, 2006 por Biblesoft, Inc., 2006.

DÍA 9

1. NT: 2222, William Edwy Vine, *Diccionario Expositivo Vine* (Nashville, TN: Grupo Nelson, 2014).
2. NT: 5315, James Strong, *Biblesoft's New Exhaustive Strong's Numbers and Concordance of the Bible with Expanded Greek-Hebrew Dictionary* Copyright © 1994, 2003, 2006 Biblesoft, Inc. y International Bible Translators, Inc.
3. NT: 5176, Joseph Henry Thayer, *Thayer's Greek Lexicon* (base de datos electrónica).

DÍA 12

1. H. Kesselman, S. D. Rosen, S. D. Winegarten, editores, «A Guide to Shechita», Shechita UK, mayo 2009, https://www.shechitauk.org/wp -content/uploads/2016/02/A_Guide_to_Shechita_2009__01.pdf.
2. T. J. McCrossan, *Bodily Healing and the Atonement* (Tulsa, OK: Kenneth Hagin Ministries, Inc., 1989), http://www.schoolofgreatness.net/wp -content/uploads/2018/08/Kenneth-E-Hagin-Bodily-Healing-and -Atonement.pdf.
3. Flavio Josefo, *Las guerras de los judíos* (Barcelona: Janés, 1952).

DÍA 15

1. OT: 7291, James Strong, *Biblesoft's New Exhaustive Strong's Numbers and Concordance.*

DÍA 18

1. Steve Rudd, «The Exodus Route, the Population of the Exodus Jews, the Number of the Exodus, How Many Hebrews Were in the Exodus»,

consultado 14 febrero 2019, http://www.bible.ca/archeology/bible
-archeology-exodus-route-population-of-jews-hebrews.htm.

DÍA 24

1. NT: 2222, William Edwy Vine, *Diccionario Expositivo Vine* (Nashville,
   TN: Grupo Nelson, 2014).
2. AT: 3444, Joseph Henry Thayer, Francis Brown, Samuel Rolles Driver,
   y Charles Augustus Briggs, *The Online Bible Thayer's Greek Lexicon and
   Brown Driver & Briggs Hebrew Lexicon.* Copyright © 1993, Woodside
   Bible Fellowship, Ontario, Canadá. Con licencia del Institute for Creation
   Research. Ontario, Canadá: Woodside Bible Fellowship, 1993.

DÍA 33

1. Para leer los alentadores testimonios de alabanza sobre el amor y la
   fidelidad del Señor, visita https://blog.JosephPrince.com/category
   /praise-reports/.

DÍA 48

1. OT: 5027, James Strong, *Biblesoft's New Exhaustive Strong's Numbers and
   Concordance of the Bible with Expanded Greek-Hebrew Dictionary.*

DÍA 49

1. NT: 40, Joseph Henry Thayer, *Thayer's Greek Lexicon* (base de datos
   electrónica).

DÍA 51

1. NT: 2842, Joseph Henry Thayer, *Thayer's Greek Lexicon.*

DÍA 52

1. NT: 4372, Joseph Henry Thayer, *Thayer's Greek Lexicon.*

DÍA 55

1. AT: 5315, Joseph Henry Thayer, Francis Brown, Samuel Rolles Driver,
   y Charles Augustus Briggs, *The Online Bible Thayer's Greek Lexicon and
   Brown Driver & Briggs Hebrew Lexicon.*

DÍA 56

1. «What Is Hermatidrosis?», WebMD, acceso obtenido 15 febrero 2018, https://www.webmd.com/a-to-z-guides/hematidrosis-hematohidrosis#1.

DÍA 66

1. NT: 2168, James Strong, *Biblesoft's New Exhaustive Strong's Numbers and Concordance of the Bible with Expanded Greek-Hebrew Dictionary*.

DÍA 71

1. OT: 4832, James Strong, *Biblesoft's New Exhaustive Strong's Numbers and Concordance of the Bible with Expanded Greek-Hebrew Dictionary*.

DÍA 72

1. NT: 4982, Joseph Henry Thayer, *Thayer's Greek Lexicon* (base de datos electrónica).

DÍA 75

1. «The Roman Scourge», Bible History Online, acceso obtenido 4 marzo 2019, https://www.bible-history.com/past/flagrum.html.

DÍA 77

1. NT: 1411, James Strong, *Biblesoft's New Exhaustive Strong's Numbers and Concordance of the Bible with Expanded Greek-Hebrew Dictionary*.

DÍA 78

1. «Shalem», *The NAS Old Testament Hebrew Lexicon*, acceso obtenido 11 marzo 2019, https://www.biblestudytools.com/lexicons/hebrew/nas /shalem.html.
2. «Qadar», *The NAS Old Testament Hebrew Lexicon*.
3. OT: 1298, Joseph Henry Thayer, Francis Brown, Samuel Rolles Driver, y Charles Augustus Briggs, *The Online Bible Thayer's Greek Lexicon and Brown Driver & Briggs Hebrew Lexicon*.

DÍA 83

1. NT: 1921, Joseph Henry Thayer, *Thayer's Greek Lexicon* (base de datos electrónica).

DÍA 86

1. «1 Pedro 2.25», BibleHub, acceso obtenido 18 marzo 2019, https://biblehub.com/text/1_peter/2-25.htm.

DÍA 87

1. OT: 4496, Joseph Henry Thayer, Francis Brown, Samuel Rolles Driver, y Charles Augustus Briggs, *The Online Bible Thayer's Greek Lexicon and Brown Driver & Briggs Hebrew Lexicon.*

AGRADECIMIENTO ESPECIAL

Mi especial agradecimiento y aprecio a todos los que nos han enviado sus testimonios e informes de alabanza. Debes tomar en cuenta que todos los testimonios se reciben de buena fe y se han compartido solo con el consentimiento de sus autores. Los testimonios han sido editados solo por razones de brevedad y fluidez. Hemos cambiado los nombres para proteger la privacidad de los autores.

CLÁUSULA DE EXENCIÓN DE RESPONSABILIDAD MÉDICA

Este libro no pretende reemplazar el consejo médico profesional. Si tu ser querido o tú tienen un problema de salud o una enfermedad, por favor, consulten a un doctor o técnico sanitario cualificado. También te aconsejamos que le pidas siempre al Señor y busques su sabiduría y su guía en lo relativo a tu salud o a tu problema médico, y que uses la sabiduría divina a la hora de tratar tu bienestar físico, mental y emocional. No hagas caso omiso, sin consultar con nadie, de los consejos o diagnósticos médicos profesionales. Por favor, tampoco tomes lo que se ha compartido en este libro como permiso o estímulo para dejar de tomar tu medicación o de seguir un tratamiento médico. Aunque no ofrecemos garantías y reconocemos que las distintas personas experimentan distintos resultados, nos mantenemos firmes en la fe para creer y afirmar la Palabra de Dios y las promesas de sanidad con todos los que creen.

ORACIÓN DE SALVACIÓN

Si quieres recibir todo lo que Jesús ha hecho por ti y que él sea tu Señor y Salvador, por favor, di esta oración:

Señor Jesús, gracias por amarme y morir por mí en la cruz. Tu preciosa sangre me limpia de todo pecado. Tú eres mi Señor y mi Salvador, ahora y siempre. Yo creo que resucitaste de entre los muertos y que hoy estás vivo. Gracias a tu obra consumada, ahora soy un hijo amado de Dios y el cielo es mi hogar. Amén.

NOS GUSTARÍA SABER DE TI

Si has dicho la oración de salvación o si tienes un testimonio para compartir después de leer este libro, por favor, envíanoslo desde JosephPrince.com/testimony.

ACERCA DEL AUTOR

JOSEPH PRINCE es una voz destacada en la proclamación del evangelio de la gracia a toda una nueva generación de creyentes y líderes. Es el pastor principal de la New Creation Church de Singapur, una iglesia vibrante y dinámica con una congregación de más de treinta y tres mil personas. Además, dirige Joseph Prince Ministries, un ministerio de televisión y medios de comunicación que está alcanzando al mundo con las buenas noticias sobre la obra consumada de Jesús. Joseph es también un autor de superventas como *El poder de creer correctamente* y *Destinados a reinar*, además de ser un conferencista muy solicitado. Para más información sobre sus otros recursos inspiradores y sus últimos mensajes de audio y video, visita JosephPrince.com.